私募股权入门培训经典教材

私募股权七日通

SEVEN DAYS OF PRIVATE EQUITY

苏美达资本　出品

冯斌　王舒　杨波　杨帆◎等著

中国经济出版社
CHINA ECONOMIC PUBLISHING HOUSE
北京

图书在版编目（CIP）数据

私募股权七日通 / 冯斌等著. -- 北京：中国经济出版社，2019. 1

ISBN 978 - 7 - 5136 - 5391 - 6

Ⅰ. ①私… Ⅱ. ①冯… Ⅲ. ①股权—投资基金—基本知识 Ⅳ. ①F830. 59

中国版本图书馆 CIP 数据核字（2018）第 229467 号

责任编辑 贺 静
责任印制 马小宾
封面设计 华子设计

出版发行 中国经济出版社
印 刷 者 北京科信印刷有限公司
经 销 者 各地新华书店
开 本 880mm × 1230mm 1/32
印 张 9. 375
字 数 193 千字
版 次 2019 年 1 月第 1 版
印 次 2019 年 1 月第 1 次
定 价 58. 00 元
广告经营许可证 京西工商广字第 8179 号

中国经济出版社 **网址** www. economyph. com **社址** 北京市西城区百万庄北街 3 号 **邮编** 100037
本版图书如存在印装质量问题，请与本社发行中心联系调换（联系电话：010 - 68330607）

“这/是/一/本
配有读者交流群的
私募股权基金行业动态的学习书”

建议配合二维码一起使用本书

▶ 使用说明

本书提供配有丰富读书活动和分享互动的微信交流群，您可以根据喜好选择社群类型，找到志同道合的书友，通过回复关键词获取优质的阅读资源、参与精彩的活动，享受科技带来的卓越阅读体验。

▶ 群分类及服务介绍

地域读者群

基于读者所在位置建立的社群，读者可以根据需要获取相关的学习资源、参加阅读活动和线下交流。

读书活动群

基于本书核心主题规划建立读书活动群，通过读书打卡、分享心得提升阅读效率。

扫/码/学/习

加入本书读者
微信交流群
[在线交流学习]
[提升专业技能]

▶ 入群步骤

01 微信扫描本页二维码，进入群介绍页，根据个人喜好选择交流群；

02 进群获取阅读资源、参与阅读活动，更好地吸收智慧提升自我；

03 可根据阅读进度、读书活动、兴趣爱好扫码换新群，学新知。

推荐序

拙与诚

胡　煜①

曾经多少次思索，多少次彷徨，多少次感慨：人生的价值是什么？实现自我价值的阶梯在哪里？攀登人生阶梯的动力来自何处？荆棘丛生的阶梯是否有捷径？

随着岁月的浸润和世事的磨炼，自己好像悟出了一些道理；以前读过的圣人先贤之名言警句也逐渐清晰生动起来；甚至那颗一直冲动浮躁的心也仿佛找到了宁静的港湾，任外界惊涛骇浪，我心光明，静如止水！

人生的价值是“人”；攀登的阶梯是“修”；无穷的动力源于“心”；披荆斩棘的利刃是“拙”！道理是如此简单，却又如此深奥，感悟的历程是如此艰辛，却又让人无比怀念。

---

① 推荐序作者为北京含元资本管理有限公司董事长兼首席执行官。

我2001年从中科大计算机专业毕业后，获美国芝加哥大学全额奖学金，赴美深造，获得了人工智能专业博士学位以及CFA证书。在美期间，我还担任芝加哥大学华人学生会主席。2007年从芝大毕业后，我有幸加入高盛，在高盛工作的四年中，除了服务Disney、NBA等客户外，还参与分析、设计和实现了高盛投资银行部核心估值模型和方法（Valuation Guide and Model），供投资银行家使用。

2011年回国后，我在中信证券任职。2015年，带着悟的喜悦，怀揣着对天的敬畏，我对自己提出了“知行合一，敬天爱人”的要求，选择了“修齐治平”这样一条人生之路，创办了精品投行与投资机构——含元资本。

令我异常欣慰的是，在布满荆棘的创业路上，我一点都不孤单，我们与苏美达资本聚在了一起，我们一起学习，一起合作，一起开怀！因为有你们，有我们，在攀登人生阶梯的道路上一同前行，从中感受到无比温暖，也给彼此增添了无穷的信心！

今天，有幸被冯总邀请为本书作序。在美国的十年，我深知一个新人在专业道路上会遇到的迷茫、无助以及对专业领域知识如饥似渴的追求，这是我当年华尔街创建金融圈北美华人组织“文化和职业俱乐部（Culture and Career Club）”的初衷，也是我在含元资本定期举办知识分享、含元实战CS的目的，即为新人提供更多获取专业信息和实操的渠道、机会。

希望《私募股权七日通》这本私募股权投资入门级教材，能为业内新人以及希望进入该行业的“小白”提供极有意义的指导，也能为促进私募股权投资行业的发展做一份贡献。

序　言

七日通晓私募股权的职前教育尝试

冯　斌[①]

2016年3月，在苏美达集团、江苏农垦集团、江苏交通控股有限公司和国机资产管理公司等股东单位领导的全力支持下，苏美达资本开始正式运作。

2017年的炎炎夏日，当时的苏美达资本运作刚一年多，正值业务的摸索阶段，全职人员偏少，需要一批实习生做一些辅助工作。经过公开招聘、两轮筛选，来自海内外的一批在读本科生和研究生入选了“苏美达资本PE菁英计划”。他们都是私募股权投资行业的“小白”。

为了帮助实习生尽快掌握股权投资的相关知识和技能，苏美达资本团队全面行动起来，编写PPT，为这些实习生做了7个私

① 冯斌，苏美达资本控股有限公司总经理。

募股权投资相关领域的培训模块。基础知识的 7 日培训的 7 个模块，包括项目寻找、财务基础、尽职调查、投资协议、投后管理、行业研究以及基金监管等，结合 PPT 的讲解和案例分析后，“小白”们迅速掌握了私募股权投资的基本知识。在这些 PPT 培训讲义的基础上，苏美达资本的团队成员又进行了扩充，于是有了这本书——《私募股权七日通》。

在他们实习期间，苏美达资本团队为他们建立了“一对一”带教机制，实行任务导向制的高效工作方式，全方位指导，合理分工、协同配合，他们也迅速地掌握了私募股权投资的基本实战技能，每位实习生的潜力都得到了最大程度的发挥。

通过这次职前教育的小小尝试，我们发现，现在的学生需要的其实是更全面的职业素养培养，而不仅仅是求职和面试技巧。如果没有经过浸入式的实习，学生很难非常清晰地了解进入职场之前自身必须具备的技能，盲目进入职场只会导致“男怕入错行”的错配。职前教育可以帮助实习生了解必备技能，梳理清楚如何将这些与职业选择相匹配，最终帮助他们获得合适并且满意的工作。

后来，有位实习生的家长当面告诉我，“我的孩子一直找不到他的职业方向，You inspired him”。听到这句话，我真心感到“苏美达资本 PE 菁英计划”确实是个多赢的项目：苏美达资本团队通过写作来梳理知识得以提升，实习生在为苏美达资本工作的同时初步掌握了工作技能，苏美达资本的企业公民活动也有助于企业品牌建设。

随着各自毕业季的到来，实习生们捷报频传，他们中有赴国内外知名学府继续深造的，也有被全球知名企业录用的，个个前途无量。有一位来自北京师范大学的实习生小徐同学申请赴美读研，请我给大学写推荐信，相继拿到了哥伦比亚大学、布朗大学、南加州大学和卡耐基梅隆大学的offer，最后，她选择了卡梅的热门专业。

每一位在苏美达资本工作或实习过的成员都是公司的“校友”，他们都在“苏美达资本校友微信群”里，无论身处何方，公司的团队成员都会与他们保持沟通、共同学习、携伴成长。

如今的华夏大地，大众创业、万众创新如火如荼。但是，官方的中基协推行的基金从业资格考试更多着眼于法律法规，放眼望去，股权投资培训的入门教材并不多。

苏美达资本团队的合作成果，也算是对创投行业的一点小小贡献，创业勇士和投资专才处于一座桥的两端，中华民族的伟大复兴需要双边人才的匹配和互动，苏美达资本有幸置身其中。期待这本私募股权入门级教材，能够帮到那些对PE行业情有独钟的年轻人。

感谢各位作者的辛勤写作，具体分工如下：

引言，夏晨；第一章，范悦谦；第二章，杨波、杨帆（男）；第三章，郎俊、王舒；第四章，冯斌；第五章，夏晨；第六章，段威宇；第七章，杨帆（女）、陈亚恒；第八章，郎俊。黄世文对本书写作亦有贡献。戴思媛、魏维也参与了本书的部分编写工作。

特别鸣谢北京含元资本鼎力支持本书的出版，含元资本董事长胡煜博士还欣然为本书作了推荐序。

感谢河海大学的MBA中心主任许娟娟博士带领仇晓雪同学对本书审稿提供全方位的帮助和支持。感谢伦敦大学国王学院的赵昕同学、河海大学的王子玥同学参与了每章后的问题设计。

最后致谢为本书写推荐语的四位专家，他们分别是：天风天睿于博董事长、金杜律师事务所合伙人张明远博士、大亚基金陈海平总裁以及建广资产贾鑫董事总经理。

目　录

引　言

您准备好成功跨入PE界了吗？

夏晨[1]

① 夏晨，专业领域：私募股权投资、基金管理。

私募股权投资（Private Equity，PE），是指通过非公开发行的方式向潜在的少数机构或个人进行资金募集，对有融资需求的非公开上市企业进行股权投资，并通过首次公开发行股票（IPO）、收购兼并（M&A）、管理层收购（Management Buyout）或公司回购等方式实现退出并获得收益的投资行为①。

PE 起源于美国，19 世纪末，有不少富有的私人银行家通过律师、会计师的介绍和安排，将资金投资于风险较大的石油、钢铁、铁路等新兴产业，这类投资完全是由投资者个人决策，没有专门的机构进行组织，这就是私募股权基金的雏形②。1946 年，美国研究发展公司成立，一般被学界认为是 PE 行业正式发展的标志。1985 年，中国新技术创业投资公司成立，成为我国第一家专营风险投资的全国性金融机构。中创公司成立之后，我国多家创投公司相继成立，截至 1993 年年底，全国共设立了 11 家创投公司，到 1994 年增加到 20 家。1992 年，太平洋中国基金成立，该笔基金由 IDG 资本筹资组建，总部设在美国波士顿。太

① 欧英．私募股权投资投后管理研究[D]．北京：对外经济贸易大学，2015.

② 赵锡军．私募基金的宏观经济意义[J]．中国金融，2014(22)：67－68.

平洋中国基金的成立具有历史性的纪念意义，因为这是由外国投资者向中国企业投资的第一只基金，由此开启了我国私募股权投资的历史序幕。

PE 的投资方式很灵活，投资高风险初创项目的潜在投资回报率也很高。私募股权投资相对于公募投资而言限制较少，有更多的灵活性，在信息披露方面要求也较低。

PE 投资有利于被投资企业进行价值再造。PE 的本质就是集有投资能力者的资金进行投资的过程，这个过程有较为成熟的行业规则，遵循企业成长提升资本价值的规律。因此，PE 有动力为企业提供融资渠道、内部管理优化、产业资源嫁接等服务，以及行业趋势分析和并购整合等战略性支持，帮助被投企业提高自身的竞争及盈利能力。

私募股权基金和其他基金类型的对比

基金类别	天使基金	风险基金	私募股权	收购基金
资本属性	风险	风险	成长	成长/整合
融资类型	私募	私募	私募	IPO/私募
发展阶段	种子期	孵化期	成长期	扩张成熟期
壁垒特征	商业故事	技术门槛	商业模式	品牌发展
财务指标	无	资产负债	资产负债	资产负债
	无	负损益表	正损益表	正损益表
	无	负现金流	正/负现金流	正现金流

PE 行业对员工的要求较高，追求团队质量而非人员数量。私募股权基金的投资标的主要是企业的股权，因此，需要从业者对企业的主营业务及行业趋势、技术水平及领先性、规范性及合

规性具有判断能力，更重要的是对企业的实际控制人及管理团队有评价及辨识能力。

因此，从这个职业要求出发，PE 行业更青睐拥有理工科学士学位及商科硕士学位背景的人才，且 PE 行业的投资业务人员最好有实业行业的从业经验，从而更容易理解企业的发展规律、及时看出企业运营的问题。从某种程度上说，大学应届毕业生其实并不太适合直接从事股权投资工作，西方这一行业从业人员的平均年龄要高于中国。从层级上来说，大多数 PE 行业的公司都会分为以下几个层级，由低到高分别是投资经理助理、投资经理、高级投资经理、投资总监/VP、合伙人/总经理。

由于 PE 行业以企业股权为主要标的，对企业本身的判断及企业所在行业的判断就尤为重要，所以，从入门到高级管理人员应逐步具备的一些知识储备与职业能力主要包含以下几个方面：①财务及审计知识。财务的真实性是公司盈利能力和风险判断的重要基础，需要有基本的财务及审计知识。②公司法及相关法规知识。法律合规性是投资企业的红线，法律知识也是后期资本运作的基本要求。③产业经济学知识。对行业的产业生命周期、产业竞争格局的判断。④团队评价能力。实际控制人及团队是企业成功的核心要素，对人和组织的判断比较主观但非常重要。⑤谈判能力。主要集中在企业的估值谈判以及投资人相应保障权利的争取上。⑥宏观经济分析能力。这是所有投资行为的基础，对大趋势的判断会影响到整个基金收益率的情况。

综上所述，一方面，PE 行业是一个在社会较高层面进行财富分配的金融服务业，它要求从业人员具备跨多个学科的综合知识结构，拥有对企业的判断力和对人的洞察力，能够快速学习一个新的知识领域，能够适应频繁地短期出差。但另一方面，PE 的资金都来自于对外募集，只有为投资人带来收益的基金才可以继续获得投资人的青睐。所以，PE 从业人员的绩效以投资收益率为核心，这甚至是唯一的衡量标准。

在您继续阅读本书之前，请问您一个问题：“您准备好跨入 PE 界了吗？

第一章

新常态下如何找到好项目？

范悦谦[①]

① 范悦谦，专业领域：产业投资、行业研究、大健康。

第一节 好项目的判断原则

一、基本视角

（一）团队方面

从根本上说，“投资就是投人”。人是资本运作、项目发起及项目运作的核心，人投对了，项目基本不会有太大的问题。然而，万事万物都在变化，人也一样，古人云“人心难测”。所以，投资中最大的挑战其实在于如何判断团队，而判断团队的关键在于如何判断人。关于人的因素有很多，行业内有成惯例的判断标准，如创始人和团队的教育背景、技术背景、创业历史、团队的内部协调性与融洽程度、团队核心成员的能力；如有无领导力，有无真正的创业激情，对行业有无深刻的理解，是否有自我驱动力，是否有很好的执行力，等等。

相关因素都应该量化并按照不同机构的风险偏好进行权重的调整，与其他因素一起进行评分。但是，仅有以上模式化的评判还不够，顶尖投资机构对团队及创始人的评判其实并不完全看重打分及量化后的指标分数，往往在与某公司创始人或团队的一个饭局、一个会议，或在某些特定场合下的一次聊天接触却能发现创始人或团队的特质和真实面目，这需要深厚的人生阅历及经验。所以，国内顶尖的投资机构往往只有几家，而这些机构的灵魂人物大家基本都知道他们的名字。而且，通过对这些人物年龄的统计分析，我们发现他们的出生年龄基本都在1955年至1969年之间（IDG资本全球董事长熊晓鸽出生于1956年；真格基金创始人徐小平出生于1956年；软银亚洲投资基金首席合伙人阎焱出生于1957年；创新工场董事长李开复出生于1961年；红杉资本全球执行合伙人沈南鹏出生于1967年）。也就是说，这批顶尖投资者的年龄都在48岁至61岁之间，没有时间的沉淀及“阅人无数”的经历，就做不好投资。我们看一个项目或公司的团队，基本评判团队里要有三类人：第一类要大气，什么是大气？大气即胸怀宽广、知道分享；第二类要执着，即执着守志，不为外部因素所诱惑；第三类是爱面子，什么叫“爱面子”？即这种人重情守诺，责任天下，有强烈的使命感和责任感。

（二）市场/行业方面

我们看一家公司，除了看“赛手”，还要看“赛道”，即该公司所从事的行业是否具备较大的潜力，即是否属于前景发展广阔的市场。因为一个具备广大发展空间的市场往往能产生巨型公司（Mega Company）。“赛道”又分为两个方面：第一是行业属性；第二是所在地区、国家。这里我们主要考虑国内市场，例如，4000 万人口的韩国和 13 亿人口的中国，同样在电子商务领域，公司发展的体量最后往往是差异巨大的。既然我们将视角主要放在国内，那么就要看行业，未来具备较大发展潜力的行业其实也很容易判断，找到《中华人民共和国国民经济和社会发展第十三个五年规划纲要》即可，上面都有相关国家重点支持行业的介绍，如大健康、机器人、先进装备制造、农业现代化、“互联网 +”等。

（三）独特性方面

不同的投资机构会有不一样的比较优势，认识到自己的独特禀赋对于投资机构而言十分重要。一个公司是否能够综合团队的优势、寻找到最适合自身且最擅长的领域往往是其在与对手竞争中的关键所在。同行间在评价一家公司时，一般都会至少认真了解 10 家左右的同类型公司，再通过“SWOT”等方法，对相关公司进行横向和纵向的比较分析，对相关指标进行数据量化，最后进行评分，往往会筛选出 3 家公司，再根据时间、距离等因素进行接触。

二、投资方背景视角

（一）创业投资基金

此类机构一般希望在后续投资中赚取合理回报就退出，要求项目有较高的技术壁垒和领先优势。例如，业内有专家认为企业要有足够的能力在持续的长跑中保持优势，短期内有高速增长，有下一轮融资可能性的项目。

（二）成长性质资本

此类机构往往希望投资标的能够成为“独角兽”，并最终上市。因此，此类机构比较看重：

第一，创始团队是否具备长远的眼光和心态，团队核心是否有“大局观”，是否具备持续学习和成长的能力。

第二，投资标的的商业模式和持续增长的潜能。

（三）并购资本

以并购为业务主体的机构往往考虑投资标的最终被并购的可能性，因为并购资金存在时间存续期，并购资金的存续期一般在5年左右，所以，投资人更看重项目退出的可能性。这类机构通常关注：

第一，投资标的所处行业是否被二级市场（上市公司）看好，是否有可观的盈利能力，即是否具备被上市公司市值管理运作的价值。

第二，具体指标主要有：可预测的稳定现金流；较低的资产负债比率；拥有可供出售的资产或业务；较低的运营资本要求；较低的资本支出要求；大量可用于抵押的资产；等等。

第二节　好项目的获得渠道

在中国经济进入中低速增长阶段，2015 年、2016 年大量资金涌入一级股权投资市场的大背景下，大多数同行发现股权投资越来越难做了，为什么？很简单，一句话：过多的货币追逐着过少的优质标的。

一、正规打法

行业内通常获得标的的主要途径为：

（1）投资孵化器：成为股东，在源头上可以接触到相对比较优质的项目。

（2）通过公开信息披露渠道：如新三板系统、地方股权交易中心等。

（3）中介机构：如券商，财经中介等。

（4）银行：我国移动支付领域发展迅速，导致银行传统吸储业务受到较大的冲击。目前我国许多银行尤其是股份制银行，为了升级转型，十分愿意与实力较强的投资机构（特别是国有机构）合作，共同梳理、整合相关资源，推进投贷联动业务发展。从银行的视角来看，股权投资存在较大风险且银行的内控机制与股权投资机构不一样，所以，股权投资机构可以与银行机构进行协同，借助于银行方面掌握的信息及客户渠道，筛选优质标的。

（5）政府机构：如金融办、上市办、经济开发区管委会、税务局等，尤其是税务局，往往掌握着当地缴税大户及企业家个人的相关财税信息。

（6）行业展会、创业计划大赛、创投论坛：通过参加此类活动，可以接触到行业内的相关企业及资讯，对了解行业及比较投资标的优劣势有一定的帮助。

二、游击打法

在股权投资竞争日益激烈的大环境下，只有独树一帜，发挥自身的特色优势，在相关细分领域精耕细作，才能发现机会。同时，也要积极参加相关行业的展会、论坛，广交朋友，一方面可以加深对投资线路和逻辑的理解，另一方面可以通过不同的人脉使项目来源更加丰富多元，即扩大个人及组织的“带宽”，成为某一领域的信息交叉聚合点，只有这样，才能提高投资的成功率。通常对顶尖投资人来说，朋友推荐的项目会更靠谱一些，因为中国仍然是低信用社会，即“人情社会”，“关系”往往十分重要，靠谱的朋友往往推荐的是靠谱的项目，这样一般会省去不少搜寻项目的精力。同时，优秀的投资人应该有敏锐的意识，即通过日常生活中偶然获得的信息，推断、发掘更大的机会，如出差途中的所见所闻、饭局上的谈话、社会上的现象、朋友间的趣闻等。另外，一个称职的投资人还应该具备非常强的“信息库检索”及“联想”能力。“信息库检索”指的是投资人应该广泛地接触相关信息，建立相关领域资讯“数据库”，同时，还应该在最短的时间里把看似不相关的信息联系起来，使之建立关联并建设性地促进事物发展。

第三节　获得好项目的能力构建

一、对个人

“打铁还需自身硬”，要想成为一名优秀的投资人，或者说要想获得优质的项目，应该具备以下几方面的能力：

（1）能够认清自己，了解自身的优缺点。只有认清自我，才能认清外部事物，做自己最擅长的领域。

（2）高情商。具备此种能力才可以与各方建立良好的关系。

（3）强的学习能力。保持持续不断的求知欲与好奇心，不断学习各方面的知识并不断反省总结。

（4）接触一线资讯。坐在办公室往往是搞不好投资的，为什么？因为这样获得信息的渠道单一且非动态，往往去现场一线考察出差才能获得更接近真相的信息，这对投资分析与决策十分重要。

（5）逆向思维（第二层思维）。在高度竞争的行业领域及信息高度公开透明的大环境下，信息不对称的情况已经大大改善。

只有做别人想不到的事，用别人想不到的方法，才能提高投资成功的可能性。Howard Marks（美国橡树资本 CEO，《投资中最重要的事》一书作者）认为，要取得成功的投资，先人一步、更多的努力等都不是最重要的，投资需要的是更加敏锐的思维，即洞察力，其称之为“第二层思维”。笔者理解的“第二层思维”其实就是逆向思维。

二、对团队及平台

(1) 团队需要积极整合、主动出击、优势互补、强强联合。每个人都有自我擅长的方面和领域，同时也有自身不擅长的环节。再强的个人也比不过团队的高效协作、优势互补。

(2) 发挥先天比较优势，另辟蹊径。比如涉及整合并购领域，被投资的企业或多或少都会有短板，如何能够根据产业链的上下游进行横向及纵向的整合，将不同资质的标的以较低的估值买入，然后进行有效的整合，做到“1 + 1 > 2”。另外，可结合自身资源，探索困境投资（也可称为不良资产投资）。以美国橡树资本管理公司（Oaktree Capital Management）为例，该公司与 KKR、凯雷、黑石和华平等 PE 巨头相比，可谓是后起之秀。橡树资本成立时间比其他 PE 巨头至少晚 10 年，但其从成立之初就将自身定位为另类资产管理公司，在 2000 年美国互联网泡沫破裂和 2008 年世界经济危机中，不但没受影响，反而借助两次危机快速崛起，截至 2016 年年底，橡树资本资产管理规模已超过千亿美元，成功跻身美国投资机构 TOP10。困境投资的核心在于，如何判断标的资产价值被低估及何时退出——核心是把握“低买高卖”，巴菲特曾说过：“买好的不如买得好”。新常态下，中国投资界也面临与2000年年初的美国相似的境况，即经济阶段性下行、不良资产市场发展迅速，所以困境投资也是值得PE公司关注的发展方向。

（3）把握经济运行的周期。Howard Marks认为，从短期来看，很多投资之所以成功，只是因为在对的时间做了对的事情。在市场的任一时间，获利最多的交易者往往是赶上了最新周期的人。同样，中信建投证券原首席经济学家，中国康德拉季耶夫周期理论研究的开拓者周金涛（2016年12月27日去世）认为：投资大师如巴菲特、索罗斯等，他们最重要的是生在一个好的年代，处于康波周期上升和繁荣期。当然，他们比同辈人一定更为优秀，但他们的卓越，主要是站在了周期的潮头，“所谓时势造英雄”。

对于现今中国的投资机构来说，做投资很难，但如果从世界范围来看，中国仍是最适合做股权投资的国家之一。基辛格在他的《大外交》一书中开篇便明确指出，世界每隔约100年便会出现一个新的全球性大国、强国。2008年全球金融危机后，世界的经济重心实际上已由大西洋地区逐渐向太平洋西岸转移，当今世界实力格局也在发生着巨大变化，新的国际政治、经济秩序正在形成。从这个层面上看，我们在中国做投资的还是很幸运的，因为，在不远的将来，中国一定会出现类似于美国现在顶尖的投资机构（如高盛、KKR、凯雷、红杉等），而且体量甚至会更大！对于投资的理解，笔者总结了20个字，与君共勉："把握大势，顺势而为，发挥优势，精耕细作，耐心等待"。

思考问题：

1. 对项目作出投资判断需要从哪些角度进行考察?

2. 红衫资本的投资原则是下注于"赛道"而非"赛手"，而天使投资人徐小平老师却说投资只选"赛手"。如何看待"赛道"和"赛手"的选择问题?

3. 对于投资人来说，获得好项目需要具备或提升哪些特质?

4. 对于投资机构来说，如何提高获得好项目的能力?

5. 优秀的投资团队应该具备什么样的能力和眼光?

第二章
PE必备财务基础

杨帆① 杨波②

① 杨帆(男),专业领域:企业财务与金融。
② 杨波,专业领域:企业财务与金融、新能源。

第一节　PE 重点关注的财务指标

PE 投资主要从“赛道”（行业）、“赛车”（企业）和“赛手”（企业家）三个维度对投资标的进行评估，财务指标是探查“赛道”“赛车”和“赛手”的重要方式。

毛利率反映了企业所处行业的竞争情况，一般而言，毛利率高于 40%，说明企业有核心技术、品牌或者某种形式的垄断。再如，应收账款和预收账款的多少反映了企业与客户谈判的能力，谈判能力越强，应收账款越少，甚至变成了预收账款；谈判能力越弱，预收账款越少，甚至变成了更多的应收账款。应付账款和预付账款的多少反映企业与供应商谈判的能力，应收账款周转率、存货周转率等指标反映了企业的资产管理能力。

相同行业不同企业、相同企业不同时期财务指标的对比可以间接反映企业的实力及管理层水平。

一、财务报表的逻辑

企业财务报表主要包括资产负债表、利润表、现金流量表，分别反映了企业的财务状况、经营成果和现金流量，其中利润表、现金流量表可以看作是资产负债表的延伸。

（一）利润表

利润表是企业的“面子”，又称作损益表，体现了企业的能力。它根据“收入－费用＝利润”来编制，是反映企业在一定会计期间经营成果的报表。通过利润表，可以看出企业在一定会计期间的收入实现情况和费用耗费情况。

（二）资产负债表

资产负债表是企业的“底子”，是三张报表的基础，体现了企业的实力。反映企业在某一特定日期（如月末、季末、年末）的财务状况，是企业经营活动的静态体现。根据“资产＝负债＋所有者权益”这一恒等式，依照一定的分类标准和流动性次序，将某一特定日期的资产、负债、所有者权益的具体项目予以适当的排列编制而成。

货币资金、应收账款、存货这三种资产在企业正常运营过程中是循环转化的。由货币资金变成存货，再由存货变成应收账款，最后由应收账款变成货币资金。

（三）现金流量表

现金流量表是企业的“日子”，是企业保持活力的基础，反映企业在一定时期内现金流入和现金流出的动态状况。现金流量表可以概括性地反映企业在经营活动、投资活动和筹资活动中现金流入流出的情况。现金流量表可以用来分析企业在短期内是否有足够的现金去应付开销，是否有能力偿还借款。

（四）资产负债表、利润表和现金流量表之间的关系

“底子”决定企业能干什么，“面子”决定企业过得是否有自尊，“日子”决定企业能否过得下去（见图2.1）。

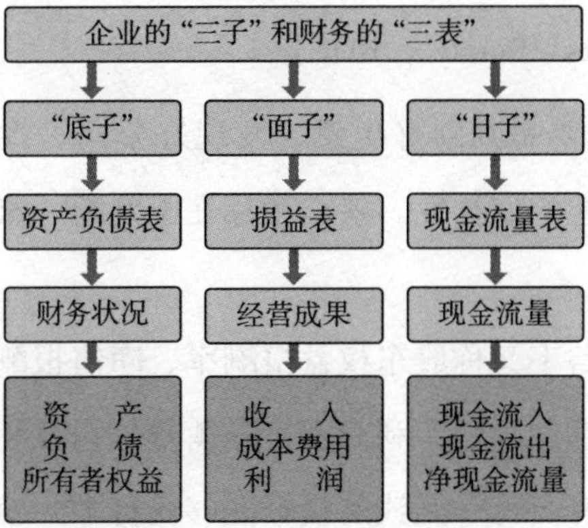

图2.1　财务报表项目关系

利润表中的“营业收入”、现金流量表中的“销售商品、提供劳务收到的现金”以及资产负债表中的“应收账款”等项目之间存在勾稽关系。一般在不考虑应交税费变动的情况下，可以简单估算为：营业收入+应收账款减少+预收账款增加+应收票据减少=销售商品、提供劳务收到的现金。

实际上，在净利润基础上，通过加上或减去规定的报表项目，即可获得经营活动现金流量净额。

二、主要财务指标

公司财务指标包括偿债能力、管理能力、盈利能力、成长能力与现金流量等方面，有几十种指标。需要注意的是，在 PE 行业，我们更关注财务指标变化的趋势。以下介绍 PE 需要重点关注的几个财务指标（见图 2.2）：

（一）核心指标："净资产收益率"（Rate of Return on Common Stockholders' Equity，ROE）

PE 投资主要是判断好生意、发现好公司、找到好价格，主要关注标的企业的成长性。核心指标在于判断一家公司创造价值的能力。

净资产收益率又称股东权益报酬率、净值报酬率、权益报酬率、权益利润率、净资产利润率，是衡量公司盈利能力的重要指标。它表明所有者每一元钱的投资能够获得多少净收益，净资产收益率越高，说明投资带来的收益越高；净资产收益率越低，说明企业所有者权益的获利能力越弱。该指标体现了自有资本获得净收益的能力。

ROE（杜邦公式）= 净利润/净资产 = 销售利润率 ×
资产周转率 × 权益乘数（财务杠杆）

其中：

销售利润率 = 利润总额/销售收入　　（盈利能力）

资产周转率 = 销售收入/总资产　　（营运能力）

权益乘数 = 总资产/净资产　　　　（偿债能力）

净资产收益率反映公司所有者权益的投资报酬率，该指标具有很强的综合性。

通常来说，企业的净资产收益率越高，表示企业通过自有资本获取收益的能力越强，有较高的运营效益，企业投资人、债权人的权益能够得到有效保障。

净资产收益率也是衡量股东资金使用效率的重要财务指标。企业资产包括两部分：一部分是股东的投资，即所有者权益（它是股东投入的股本、企业公积金和留存收益等的总和）；另一部分是企业借入和暂时占用的资金。适当运用财务杠杆可以提高企业资金的使用效率，负债增加会导致净资产收益率的上升。借入的资金过多会增大企业的财务风险，但一般可以提高盈利，借入的资金过少会降低资金的使用效率。

如果只能用一个指标去评判一家公司，就应该使用净资产收益率（ROE）。ROE 是综合评价一家公司盈利能力的最佳指标，直接反映了公司投入产出的效果，告诉我们一家公司到底是创造价值还是毁灭价值，有没有竞争优势，业绩是不是昙花一现式的惊艳，成长的质量如何，差的公司是“高投入、低产出”，即 ROE 低；而好的公司则是“低投入、高产出”，即 ROE 高。只有 ROE 超出 WACC（企业的加权平均资本成本）的成长，才是真正有意义的成长；除此以外的成长，大都是不值一提的“伪成长”。

（二）毛利率

毛利率往往代表着一家公司的“护城河宽度”及垄断能力。毛利率越高的企业，越容易受到投资者的青睐。

利润表的重点在于关注收入、费用、利润的连续性和稳定性。企业的营业利润率能反映企业自身的经营水平。经营收入减去经营成本（直接人工、直接材料、制造费用）为毛利，毛利/经营收入=毛利率。毛利率反映企业所处行业的竞争情况，一般而言，毛利率高于30%，说明企业有核心技术、品牌或者某种形式的垄断；毛利率低于30%，说明企业处于高度竞争的行业；毛利率低于20%，说明企业处于过度竞争的行业。当然，某些特殊行业除外，比如超市连锁业，其利润主要不是靠高毛利率，而是靠存货和应收账款的高周转。

（三）主营业务收现比率

主营业务收现比率=销售商品、提供劳务收到的现金/主营业务收入

该指标反映了企业主营业务收入背后现金流量的支持程度。该指标越高，说明企业当期收入的变现能力越强；反之，说明企业当期账面收入高，而实际现金收入低，有很大一部分形成了应收账款，此时，会计信息使用者有必要关注其债权资产的质量。

该指标>1，即本期收到的销货现金大于本期的销货收入，说明企业当期的销货全部变现，而且又收回了部分前期的应收账款，这种状况应当与应收账款的下降相对应。

该指标=1，即企业的销货收到的现金与本期的销售收入基本一致，说明企业的销货没有形成应收账款挂账，资金周转良好。

该指标<1，本期销货收到的现金小于当期的销货收入，说明账面收入高，而变现收入低，当期没有全部收回形成应收账款，应收账款挂账增多，必须关注其债权资产的质量。

（四）资产负债率

资产负债率是常用的长期偿债能力指标。

资产负债率=负债总额/资产总额。

资产负债率能够揭示出企业的全部资金来源中有多少是由债权人提供的。从债权人的角度看，资产负债率越低越好。

对投资人或股东而言，负债比率较高可能会带来一定的好处，如财务杠杆、利息税前扣除、以较少的资本（或股本）投入获得企业的控制权等。

从经营者的角度看，他们最关心的是在充分利用借入资金给企业带来好处的同时，尽可能降低财务风险。在保证不会发生偿债危机的前提下，企业的负债比率应尽可能择高。

在企业的管理实践中，资产负债率的高低并不是一成不变的，一直以来也没有统一的标准。从不同的角度分析，适宜的资产负债率水平也各不相同。对于债权人、投资者（或股东）、经营者而言，理想的资产负债率各不相同。此外，还要看国际国内经济大环境是顶峰回落期还是见底回升期；管理层激进或是保守等各个方面。一般认为，对企业而言，资产负债率的适宜水平是40% ~60%。

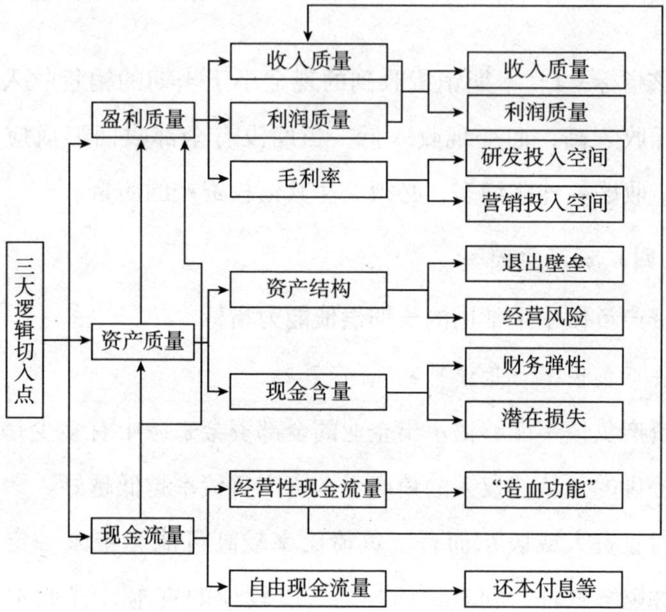

图 2.2　公司财务指标“三大逻辑切入点”

第二节　财务指标在 PE 投资中的局限性

财务分析对于了解企业的财务状况和经营成果、评价企业的偿债能力和经营能力有着显著的影响，在 PE 投资中发挥着至关重要的作用。但财务分析也不是万能的，受种种因素的影响，财务分析也存在一定的局限性。

一、资料来源的局限性

报表数据的时效性问题。财务报表中的数据都是企业过去经济活动的结果和总结，在预测未来发展趋势时，有一定的参考价值，但并非绝对合理。

报表数据的真实性问题。企业的财务报表形成之前，信息提供者可能已经对使用者关心的财务状况和偏好进行过仔细分析和研究，并尽力满足其对企业财务状况和经营成果信息的期望。这极有可能造成报表信息与企业的实际状况相去甚远，从而误导使用者之后的决策。

报表数据的可靠性问题。即便是严格按照会计准则编制的财务报表，也不一定能准确反映企业的客观实际情况。例如，报表数据未按照通货膨胀进行调整；某些资产以成本计价，并不能反映其当前的真实价值；许多支出在记账时存在灵活性，既可以作为当期费用，也可以作为资本项目在以后年度摊销；许多资产以估计值入账，但估计值可能存在偏差；本期损益可能会受到偶然事件的影响，不能反映公司正常的盈利水平。

报表数据的可比性问题。根据会计准则的规定，不同企业或者同一企业的不同时期，根据情况都可以采用不同的会计政策和处理方法，导致报表上的数据在对比不同企业以及企业不同时期的时候并无意义。

报表数据的完整性问题。报表本身所能提供的数据是有限的，对于使用者而言，许多需要的信息在报表和附注中也难以找到。

二、财务分析方法的局限性

比较分析法要求在实际操作时，比较的双方必须具备可比性才有意义。在对投资项目的实际操作中，比率分析法是最常用的一种比较分析方式。

比率分析法是针对单个指标进行分析，综合程度较低，在某些情况下无法得出令人满意的结论。计算比率指标的数据一般都来源于以历史数据为基础的财务报表中，由于报表数据的时效性问题，比率指标所能提供的信息对决策的帮助大打折扣。而使用因素分析法的话，在计算各因素对综合经济指标的影响额时，主观假定各因素的变化顺序而且规定每次只有一个因素发生变化，这些假定往往与现实不符。

事实上，每种分析法反映的都是过去的经济事项。随着环境的变化，比较标准也会发生变化。分析者如果只注重比较数据，却忽略经营环境已经发生了变化，由此得出的结论也是不全面的。

三、财务分析指标的局限性

财务指标体系不严密。每种财务指标只反映了企业财务或经营状况的某一方面，每类指标都过分强调本身的优点，导致整个指标体系不严密。

财务指标所反映的情况具有相对性。判断某个具体财务指标是好还是坏，或根据一系列指标形成对企业的综合判断时，必须注意财务指标本身所反映情况的相对性。因此，在利用财务指标进行分析时，必须掌握好对财务指标的“信任度”。

财务指标的评价标准不统一。举例来说，一般情况下，普遍认为流动比率的指标值为“2”比较合理，速动比率为“1”比较合适。但许多成功企业的流动比率都低于“2”。此外，不同行业的速动比率差异也较大，如采用大量现金销售的企业，几乎没有应收账款，速动比率大大低于“1”是很正常的；相反，一些应收账款较多的企业，速动比率可能要大于“1”。因此，利用财务指标对不同企业和不同行业进行对比，没有统一的评价标准。

财务指标的计算口径不一致。例如，反映企业营运能力的指标，其分母的计算既可以用年末数，也可以用平均数。其中，平均数的计算又有各种不同的算法，这些都会导致计算结果不一样，不利于评价比较。

四、如何应对财务分析的局限性

加强时期指标在整个财务分析中的份量。时点指标是指取自资产负债表中的数据，它们只代表企业某一时点的情况，而不能代表整个时期。而且这类指标容易被人为粉饰，误导财务分析。现代的财务分析，不再是单纯地对资产负债表进行分析，而是朝着以收益表为中心的方向发展。因此，在财务分析中可以增加时期指标的份量，以减少某些人为因素带来的干扰。不要仅以一年的数据进行财务分析，至少三年，最好五年。

定量分析与定性分析相结合。在定量分析的同时就需要作出定性判断，在定性判断的基础上，再进一步进行定量分析和判断。现代企业所处的外部环境复杂多变，有些外部因素很难定量衡量，但会对企业财务报表状况和经营成果产生重要影响。因此，应当将定量与定性分析有机结合，灵活运用，既要注重计量的精密性，也要注意发挥人的丰富经验，使报表的分析结果达到最优。

动态分析和静态分析相结合。在研究过去经营情况的基础上，也要注意进行动态分析，分析企业当前的经营状况对预测企业未来发展也有一定的帮助。

个别分析与综合分析相结合。在财务分析中，仅仅关注单个指标是不能解决问题的，还要同时关注该指标变动对其他方面造成的影响，综合分析，才能得出正确的结论。财务指标数值具有相对性，同一指标数值在不同的情况下反映不同的问题，甚至会得出相反的结论。例如，资产管理比率中的应收账款周转率指标较高，一方面反映出企业收账的效率高、质量好；而从另外一个角度看，也可能是企业的信用政策过于严格，这会使企业丧失部分机会成本，造成负面影响。

财务指标和非财务指标相结合。财务指标可以用财务形式计算出来，而非财务指标却无法用财务数据计算，如品牌、专利、顾客和员工等。特别是对于一些新兴的互联网公司，非财务指标往往比财务指标更重要。目前，经常使用的非财务指标主要包括：顾客满意度；产品和服务的质量；战略目标，如完成一项并购或项目的关键部分，公司重组和管理层交接；公司潜在发展能力，如员工满意度和保持力、员工培训、团队精神、管理有效性或公共责任；创新能力，如研发投资及其结果、新产品开发能力；技术目标；市场份额。

主表数据和附表信息相结合。有些信息在财务报表中难以得到充分的表达和体现，需要通过财务报表附注进行补充说明和解释。仔细阅读相关附表和附注，可以帮助分析者正确理解报表中所反映的信息，从而得出更加精准的判断和结论。因此，在对企业财务进行分析时，应充分利用财务报表及报表附注的信息，联系其他相关信息，仔细深入地分析、研究，才能提高对企业整体情况的理解，更准确地评价企业的财务状况和经营业绩。

第三节　PE 投资常用估值方法

估值是股权投资的重要环节之一，投资人决定是否实施对目标企业的股权投资，除了对目标企业作全面的品质判断外，还需对企业作全面的经济分析，明确企业的基本价值，并基于其基本价值确定企业股权的收购价格。

在实务操作中，主要的估值方法有三种：第一种是考察企业未来现金流入的净现值的收益法，采用的估值模型为现金流贴现模型（Discounted Cash Flow，DCF）；第二种估值方法是参照当前类似企业，通过相对比较而确定企业价值的市场法，也称为价格乘数法或可比交易价值法，主要是选取具有代表性的估值指标（如市盈率、市净率等）进行横向或纵向的对比，借以判断企业的价值；第三种是成本法，是从企业资产的账面成本出发，估算企业净资产即权益资产，或者将企业各种资产按重置成本计算，得出评估价值并加总求得企业整体价值。对企业的估值应当根据该企业所在行业、业务范围、发展阶段、资产性质、服务市场等不同条件，采用不同的估值方法。

财政部于2017年8月印发的《资产评估基本准则》的通知中，也确定资产价值的评估方法包括市场法、收益法和成本法三种基本方法及其衍生方法。资产评估专业人员应当根据评估目的、评估对象、价值类型、资料收集等情况，分析上述三种基本方法的适用性，依法选择评估方法。

一、收益法

从理论上说，收益法应当是最为接近股权收购目的的估值方法，因为投资人投入资金拥有企业股权，目的是获得企业运营带来的未来收益，而该方法正好着眼于企业未来存续期内能创造的经济价值，按照收益法的标准，某个被投资企业的估值即等于企业未来现金流的现值。美国纽约大学Stern商学院的金融学教授埃斯瓦斯·达莫达兰论述估值时，认为它并不复杂，简单而言，就是“对于能够创造现金流的资产而言，其内生价值取决于资产预期现金流的持续时间、金额大小及其可预见性”①。这一概括本质上与收益法估值的原理一致，即被评估企业或资产的未来预期现金流决定该企业或资产当前的价值，因此，收益法通常也被称为折现现金流量法（Discounted Cash Flow，DCF）。

折现现金流量法采用的是现金流折算模型，计算出未来企业存续期间带来的净现金流量的净值。其基本思想是增量现金流量

① [美]埃斯瓦斯·达莫达兰，著．估值[M]．李必龙，李羿，郭海，等，译．北京：机械工业出版社，2017：1.

原则和时间价值原则，也就是任何资产的价值都是其未来现金流量按照含有风险折现率计算的现值。

通过未来收益确定企业当前价值，需要明确两个变量：一是被评估企业未来生命周期每个期间能带来的净现金流；二是选择合适的折现率用来计算未来现金流的现值。用 DCF 方法评估企业价值包含下列主要步骤：

首先，确定预测的时间跨度和现金流，主要包括详细预测期和后续期（永续期）的现金流。详细预测期一般从被评估企业进入稳定经营状态开始，实务中详细预测期通常为 5 至 7 年，但很少超过 10 年。详细预测期以后的无限时期称为后续期，在此期间我们假设企业进入稳定状态，具有稳定的销售增长率和投资资本回报率。这样，企业的基本价值便等于预测期的现金流现值加上后续期的现金流现值。在预测期期间，需要对每年的现金流量（Cash Flow，CF）进行详细预测，而在后续期，可以用简便的方法直接估计后续期价值（Terminal Value，TV）。详细预测期的现金流量通常来自于企业的财务报表预测，从企业的销售收入出发，根据各种财务比率与销售收入之间的内在联系，构建财务模型，预测企业的现金流量。

实际操作中，如果详细预测期太短，那么后续期的经营价值占比过大，会降低估值的可靠性；另一方面，详细预测期过长，后续期的经营价值对目标估值的影响过小，也会降低估值的可靠性。在极端情况下，预测期如果超过 20 年，那么后续期的现金流对估值的影响可以忽略不计。当然，预测期和后续期的时间范围选择，还是要根据企业所处行业和实际经营状况决定。比如在太阳能光伏电站领域，收入的主要来源是国家补贴，而国家补贴持续20年，那么预测期设为20年是合理的。

其次，需要明确用于计算未来现金流现值的折现率，这也是使用折现现金流法的另一个难点。折现率不同，未来预测期和后续期的现金流净值差异有可能非常大。投资者要求采用的贴现率通常等于无风险利率+风险溢价，与企业所处的生命周期阶段具有明显的关系，例如在创业阶段，投资风险巨大，因此天使投资者要求的风险溢价相应很高，要求的回报率一般在50%～70%之间；而在Pre－IPO阶段，PE投资者要求的回报率一般在25%～35%之间。

不同的现金流估值使用不同的折现率，如红利和股权现金流对应的折现率是股权资本成本，而企业全部自由现金流对应的折现率是包含债务成本和股权成本的加权平均成本（Weighted Average Cost of Capital，WACC）。债权资金通常来自于银行等金融机构，其成本固定明确，而股权资金成本则需要考虑到不同投资者的目标回报率要求。

最后，明确了详细预测期每年的现金流CF、后续期的终值TV以及折现率之后，我们就可以用折现率将预测各期和后续期的现金流量折现后汇总，得到DCF估值公式：

企业当前价值＝预测期价值的现值＋后续期价值的现值

即：

$$V=\sum_{t=1}^{n}\frac{\mathrm{CF}_t}{(1+r)^t}+\frac{\mathrm{TV}}{(1+r)^n}$$

收益法的优点是其通过估算被评估企业未来预期收益折算成当前现值，确定企业价值，强调投资的未来预期收益，反映了企业价值的本质特征。但是收益法也有其局限性。首先，收益法的前提条件是被评估企业满足持续经营的假设条件，对于预期收益不确定的企业，如陷入财务困境的企业、预计收益和现金流为负的企业，不适合采用收益法进行评估。其次，受市场、管理等各方面因素的影响，企业经营利润和现金流通常具有很大的不确定性，由此也影响到现金流预测的准确性。此外，折现率也不易准确估计，在我国，不仅无风险利率由于市场化机制的缺乏难以选择，而且风险系数的评估也受市场成熟度限制，缺乏可信度，导致风险溢价也难以准确估计。

二、市场法

收益法着眼于企业本身的纵向现金流折现累加，相对而言，市场法则是通过横向比较确定企业的价值。市场法把被评估企业与相似的已交易企业或上市公司的价值互相比较，对二者进行对比分析，从而确定并评估企业的整体价值。

在具体的比较过程中，首先要确定参照企业的“价值比率”(Multiples)，然后以被评估企业对应的财务或非财务指标与价值比率相乘，即可得到被评估企业的价值。常见的比率有市盈率(P/E)、市净率（P/B)、市销率（P/S)、企业价值倍数（EV/

EBITDA）等，投资者采用这些指标进行同行业的横向比较，或者进行不同时期的纵向比较，通过估值水平来判断企业的相对投资价值。

许多不同的价值比率都可以被用于评估企业价值。如 P/E 这样的价值比率可被广泛地用于各类型的企业估值，也有些价值比率被用于特定的行业，比如在油气行业中采用的“企业价值/已探明储量”这一比率。我们不仅可以从上市公司获得价值比率，也可以从被评估企业的同一行业内的并购案例中获得。选择可比企业时，行业、企业规模、地理位置等因素均应考虑在内。需要明确的是，没有某种单一的价值比率足以帮助我们获得最可靠的比较结果，所以我们应使用多种价值比率获得更为完善的评估。

市盈率（P/E）是最常用的指标，各行业均能使用。市盈率是企业当前市值与其净利润的比率，即当前每股的市值与每股盈利的比率。与所有市场上的其他价值比率一样，市盈率可以通过历史收益，也可以通过未来预测的收益来计算，但市值应采用当前实际市值。市盈率越高，表明股价和公司越贵，10 倍的市盈率表明投资者愿意以企业当前年利润的 10 倍来收购该企业的股权。

市盈率的优点是计算简单，能直观地反映投入产出的关系；不足之处是如果收益为负，则市盈率没有意义。另外，其数值是静态的，所以许多投资人更愿意使用 PEG（市盈率相对盈利增长比率）来弥补 PE 指标对企业动态成长型估计的不足。PEG 等于 PE 值除以净利润的年增长率，PEG 值过低，表示该股票被低估。

市净率（价格与账面净值之比，P/B）是股票价格与其账面净值之比，比较企业的市场价值与其本身的净值（等于总资产 -

总负债），*P/B* 通常被用于金融领域，高市净率意味着资产和股权能带来高收益，增长预期高。

市净率的优点是净资产的数据容易获得和理解，而且账面净资产比净利润稳定。不足之处是账面价值受会计政策影响较大，不适用于固定资产很少的企业，且净资产可能为负，则市净率没有意义，市净率适用于拥有大量资产、具有明显周期性、净资产为正值的企业。

市销率（*P/S*）是市值与销售额的比率，等于总市值除以主营业务收入，或者等于股价除以每股销售额。市销率越低，说明该公司股票目前的投资价值越大。

收入分析是评估企业经营前景至关重要的一步。没有销售，就不可能有收益。收入分析指标有助于考察公司收益基础的稳定性和可靠性，有效把握收益的质量水平。这也是最近两年在国际资本市场新兴起来的市场比率，主要被用于创业板的企业或高科技企业。在 NASDAQ 市场上市的公司不要求有盈利业绩，因此无法用市盈率对股票投资的价值或风险进行判断，而用该指标进行评判。同时，国内证券市场上也可以运用这一指标来帮助选股，尤其是可以用来剔除那些市盈率低、缺乏核心竞争力、主要依靠非经常性损益来增加利润的股票（上市公司）。

市销率的优点是不会出现负值，比较稳定，不易被操纵；缺点是不能反映成本的变化。市销率适用于销售成本率较低的服务业和高科技企业。

企业价值倍数（EV/EBIDTA）是将企业价值与息税摊销前

利润进行比较得出，这一指标不仅考虑了企业股票的市值，而且考虑了投资者可能负担的银行负债，它更多地反映了企业产生现金流入的能力，因为它忽略了利息和税收的影响，而税收在各个国家存在较大差异。因此，企业价值倍数的优点是它不受所得税及资本结构的影响，使用范围广泛，缺点是计算过程较为复杂。

三、成本法

（一）成本法的含义和分类

收益法着眼于企业未来的经济收益，计算企业未来持续经营带来的现金流，市场法着眼于通过横向对比估算企业当前市场条件下的价值，而成本法对企业价值的衡量则始于企业的历史成本，并延伸到企业当前的市场成本。成本法主要有账面价值法和重置成本法。

账面价值法从企业的账面价值出发，由总资产减去总负债得到企业的净资产，并对资产与负债的各个类别作适当调整，从而试图获得企业的真实价值。但是，这一方法测算出的企业价值，与其未来价值并无必然联系，往往不能直接反映企业未来的获利能力，而且也往往与当前市场成本相差甚远。对各项资产或负债项目的调整，也难以弥补这一缺陷。例如，对固定资产折旧的处理就难以反映资产的真实市场价值，交通工具之类的资产，市场价值下降迅速，而房地产通常会增值。因此，账面价值法通常只是一种辅助性的估值方法，或者在企业清算时作为企业估值的基础。

（二）重置成本法

相比之下，重置成本法或许比账面价值法更能反映企业净资产的真实市场价值。重置成本法是指在当前市场条件下，按照被评估资产的完全重置成本减去其各种贬值后的差额，来确定该项资产的价值。其基本思路是：重新构建被评估资产的当前市场成本，作为被评估资产的价值。

重置成本法的计算公式为：

资产评估价值 = 资产的重置成本 − 综合贬值 =

重置成本 × 综合成新率

在以上公式中，资产的重置成本又分为复原重置成本和更新重置成本。复原重置成本是指运用与被评估资产相同的材料、建造工艺、制造标准、设计规格和技术要求等，按照现行价格重新建造一个与被评估资产结构和功能完全一样的全新资产需要的成本。更新重置成本是指运用新材料、建造工艺、制造标准、设计规格和技术要求等按照现行价格重新建造一个与被评估资产用途和功能完全一样的全新资产需要的成本。复原重置成本是对被评估资产的原样复制，更新重置成本则考虑了新技术、新工艺提高资产使用性能和减少成本。复原重置成本通常高于更新重置成本，实践中选择重置成本时，应优先选择更新重置成本。

综合贬值包括实体性贬值、功能性贬值和经济性贬值。实体性贬值也称有形损耗贬值，是指设备由于运行中的磨损造成设备实体形态的损耗从而引起的贬值。功能性贬值是指由于技术进步引起的被评估资产功能相对落后造成的贬值。新技术的推广和运用，使企业原有资产与社会上普遍推广和运用的资产相比较，技术明显落后，性能降低，其价值也就相应减少。上述复原重置成本和更新重置成本的差额，即属于功能性贬值的一部分。经济性贬值是外部经济环境的变化所引起的资产价值损失，如由于原材料价格上升、设备所生产的产品滞销、竞争加剧等导致的设备利用率下降和收益减少等。

成新率反映了设备的新旧程度，也就是设备的现行价值与其全新状态重置价值的比率。通常可采用观察法、使用年限法、修复费用法等方法获得。如果采用使用年限法，则其计算公式为：

$$\text{成新率} = [(\text{设备总使用年限} - \text{设备已使用年限}) / \text{设备总使用年限}] \times 100\%$$

重置成本法尽管比账面价值法更能反映企业资产的当前市场价值，但是在其认定中容易忽略无形资产如商誉的价值，此外，在综合贬值和成新率的计算中均存在较大的主观因素。更为重要的是，重置成本法仍然反映的是资产的历史或当前成本，与其未来给企业带来的价值没有必然联系。而私募股权投资人的投资目的通常是分享企业未来的收益，对企业的估值不能仅仅依靠成本法来判断。

估值方法多种多样，每种都有优点与不足。估值本身就是科学与艺术的结合，对于任何一家企业而言，不同的人采用不同的估值方法，计算出来的结果也各不相同，能够将结果控制在合理的范围内即可。巴菲特也说过：“宁要模糊的正确也不要精确的错误。”但需要强调的是，采用多种估值方法对企业价值进行交叉验证是十分必要的，这样做有利于降低极端错误发生的概率。

思考问题：

1. 资产负债表、利润表、现金流量表分别反映了企业的哪方面的财务状况？三者之间有什么关联？

2. PE关注的主要财务指标有哪些？分别是如何计算的？各项指标反映了企业的哪些财务状况？

3. 对于财务分析的局限性，有什么应对方法？

4. 收益法、市场法和成本法三种资产价值评估方法分别如何使用？

5. 在使用贴现现金流模型对企业进行估值时，如何确定模型中的折现率？

第三章

PE尽职调查入门

郎俊[1]　王舒[2]

① 郎俊,专业领域:企业财务与金融、新能源汽车。

② 王舒,专业领域:公司法务、基金管理。

第一节　基金管理人尽职调查

一、基金管理人尽职调查的逻辑与方法

从感性的层面来看，对基金管理人（GP）的尽职调查比对项目开展尽职调查的工作难度更大。如果要用一句话来回答："什么是对基金管理人的尽职调查?"答案就是基于基金业绩去反推 GP 的"募、投、管、退"的综合能力。它不像对一个项目开展的尽职调查，需要基于行业判断和研究，由上而下地开展工作，这是直接投资。对于间接投资，选择认购一只基金份额，我们关注的更多是非行业研究的因素。

这么说，对 GP 的尽职调查就不需要关注行业了吗？笔者认为，为了更全面地了解所投基金，还是需要关注该基金所投资行业的发展情况，但不用过于深入。举个例子，如果你看好一个行业，想做投资组合配置，但不是自己所在的领域，间接投资基金是最好的方法，那么至少你得了解这个行业各个细分领域大概的市场规模，各个细分领域都有哪些主流基金玩家。

这都是一些常识性的知识，如医疗行业抗周期等。时刻关注行业的动态，如××领域并购频繁、行业整合、热点领域估值居高不下等，都可以从侧面感知这个行业是否有投资价值。到这个层面就差不多了，毕竟我们是认购基金份额，本质是在投资团队，而不是直接投资项目，更多的精力应该放在对人（团队）的深入了解上。

那么，GP 尽职调查的核心因素是什么呢？流程是怎样的呢？

第一个问题很简单，核心因素就是“铁三角”。通俗地说，就是一群人一起做事然后一起分钱。把这个流程的关键因素抽象出来有三样：分别是人（团队）、事（业绩）和机制（决策、风控、薪酬等）。

第二个问题，GP 尽职调查流程只需要把握“4C”。包括线索（Clue）、渠道（Channel）、关注点（Core）和验证（Clarify）4 个部分，如图 3.1 所示：

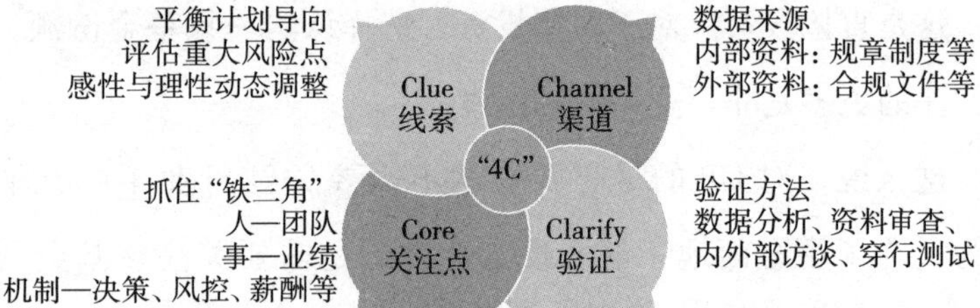

图 3.1　GP 尽职调查之“4C”

（一）详解之“Clue”线索

在这4个核心要素中，最重要的是第一个要素线索。背后的逻辑很简单，我们要设计一个机制去识别、发现和解决问题并且不断查漏补缺，动态调整。那么动态调整什么呢？调整尽职调查的方向、重点以及阶段评估结论。比如通过获取的某基金的募集资料，我们可以发现该基金定位于早期风险投资，投资策略为分散化布局。看完后第一印象是这个基金的投资风格比较激进。我们认为其投资领域符合未来经济发展方向，并且通过激进地“撒网”以博取爆发式增长的投资模型也可以被接受。那么调查方向就会聚焦在最前端项目的获取上。后续就会通过与前台负责人交流，来评估高质量项目的获取通道以及项目源的可持续性。

什么是“查漏补缺”呢？就是不断发现和评估问题，不断替换掉之前设定的目标，动态聚焦在新的问题上。承接上例，如果在后续调查中我们发现这个基金出资人（LP）中是政府基金主导，投资标的主要聚焦在政府园区，那么我们会认为项目源头的可持续性是可以保证的。但是新的问题又来了，政府提供资金是否会要求在基金中的决策/投票权？关注点转移到了“机制”层面，我们担心政府影响基金市场化的决策机制。专业的人做专业的事，市场化的专业团队对项目的管理能力要更胜一筹，如果政府拥有一票否决权，那么这个基金的决策流程和资金交割就会很困难。

对于线索这个维度，投资人需要时刻关注动态调整，主动把握感性与理性的“阀门”。感性很难被量化出来，依照过往的经验，笔者一般会访谈以下几点：

（1）团队对行业的理解：如细分领域的选择、对机会和风险的识别等；

（2）团队对自身的定位、投资逻辑（投资方式、投资金额等）是否清晰；

（3）团队内交流是否通畅；

（4）团队负责人对投资方向的把握以及公司发展方向是否清晰。

最后一点对于新创的基金来说尤为重要，这类基金一般是由知名机构合伙人创立，第一期基金并没有历史过往业绩，所以在评估的时候会关注合伙人之前关注的领域是否会对新基金产生帮助。

（二）详解之“Channel”渠道

该环节需要解决的是评估资料获取途径以及涉及的具体内容，如表 3.1 所示：

表 3.1　GP 评估资料内容及获取途径

序号	内　容	备注
1	GP 公司层面信息	
	营业执照等正本、副本，股东验资报告，股东实缴出资证明文件，社会信用代码证明，私募基金登记证书等公司基本信息	原件和/或电子版
	出资说明书	
	公司章程（最终版）及其他补充协议	
	基金管理人登记证书	
	公司架构（穿透到最小单位以及持股比例）	

续表

序号	内　容	备注
2	**基金层面信息**	原件和/或电子版
	基金募集说明书	
	基金备案证明	
	基金公司营业执照（正、副本）社会信用代码证明	
	基金架构	
	同一管理人下管理的基金列表以及各基金架构组成（穿透到 LP）	
	LP 出资缴款情况、到账流水单证明以及 LP 背景具体信息	
	基金合伙协议（盖章版）	
	委托管理协议、托管协议	
	GP 财务审计报告（带附注）	
3	**基金管理流程资料**	原件和/或电子版
	过往投资历史清单（内部台账）	
	项目储备、投资管理、风险管理、投后管理、激励分配等管理办法/制度	
	基金投资策略指导文件	
	投资决策委员会议事规则、投资管理委员会议事规则等办法/制度	
	基金管理公司最近三年审计报告（主表 + 附注）	
	立项（立项报告、立项会议纪要）、投资决策委员会会议纪要（能看到决策意见、签字等信息）、投后管理报告等一套流程	
	内部行业分析报告	
	储备项目清单和分析（可隐藏项目名称、投资亮点、基本财务情况等）	
4	**基金业绩资料**	原件和/或电子版
	第三方或者自身业绩评估/估值报告，以及内部估值跟踪表	
	投资估值证明性文件（选择两份文件，即已经退出的和项目持有期的文件）	
	投资人报告（投资主体从设立开始 3 年期间）	

续表

序号	内容	备注
	团队资料	
5	投资团队相关资料（员工花名册、劳动合同、招聘流程以及任用标准等；合同抽取各层级一个）	原件和/或电子版
	管理层、投资团队简历（学历、从业经历、项目经历等）	
	绩效考核机制	
	权益分成机制	
	管理层分工、人工分工（细分到各个层级、人数、职责）	

项目资料的获取，一般需要关注以下领域：

（1）外部合规资料，如工商登记资料等；

（2）内部合规资料，如部门规章制度全套资料；

（3）外部业绩评估资料，如基金报告等；

（4）内部业绩评估资料，如储备项目和已经投资项目分析列表（见表3.2）。

表3.2 项目分析列表

序号	投资主体	项目性质	投资亮点	投资时间	投资阶段	投资金额/万元	投后估值	估值基数	持股比例	投后管理内容	退出方式	退出时间	总回报/倍数

对于清单中的资料，将其分成两类：第一类是投资与管理；

第二类为风控与合规。一方面评估其基金投资能力与管理能力；另一方面评估其风险把控和合规流程。

资料重质而不重量，关键在于投资人的“计划”设定：你关注什么，就去聚焦获取相关层面的资料。不能做一个“甩手掌柜”，事先不围绕自己关注的重点去增加或者删减需要获取的资料，就把清单甩给基金管理人让其准备。没有重点地索取资料，等于浪费彼此的时间，效率很低。

有一个小窍门是，在获取电子资料的时候，要非常关注管理人提供文档的整齐程度，以此来判定这个基金公司内控是否完备、管理是否成熟。一家成熟的基金公司，特别重视文档的分类整理（Dataroom），多而不乱。如果一家基金公司把一大堆Word、Excel以及各类报表协议等打包压缩发给你，需要你花费很多精力去分类。这样第一印象是该基金公司很不专业，如果连文档都管理不好，又如何能做好已投项目的投后管理呢？相反，如果你打开的文件包里，各类文件分门别类，而且序号清楚，这对投资人来说是一个天大的福利。后续在你撰写尽职调查报告需要插入附件的时候，就有很清晰的归档脉络，只需要在电脑中筛选一下就能立即获取相关资料，省时省力。“细节决定成败”，有的基金公司甚至会在文件名中标记出每一版本的时间以作新老版本的区分，并在文件包中附上前期投资人提供的资料清单并标记出资料准备进度，方便彼此的交接和后续跟进，效率很高。

（三）详解之“Core”关注点

特别需要关注的是管理人对已投项目或者储备项目的选择依

据，笔者一般会根据基金所配置的领域各筛选出几个项目进行沟通和交流，体会管理人对行业的理解，以及基金各项目间配置的见解。但是核心点只有一个，就是“业绩”。业绩一般有以下几点考量：

（1）已经投资项目的后续融资情况；

（2）已经投资项目的退出情况以及回报倍数；

（3）如果是新设基金，没有业绩，需要评估管理人储备项目的质量和过往从业项目的投资业绩等。

这里有一个小窍门是，新设基金的管理人会非常重视第一期基金的业绩，所以从项目获取和收益方面都会借助自身的资源以满足潜在投资对收益的预期，比如一期基金一般会有一个 IPO 退出可期的项目。做生意是要讲究口碑的，特别是初创阶段的第一份答卷，一般都会兢兢业业地完成。但是这不代表相关的尽职调查流程可以省略或者缩减。每多考虑一个维度，程序多做一步，可能面临的风险就会小一点。

关于机制层面，要关心团队的稳定性，这是“人（团队）”层面，员工的薪酬水平以及结构是一个常规考量点，但是要更关注感性层面的认识。比如找不同层级的员工进行“工作满意度”的衡量，且不仅仅盯在薪酬这一个层面上。一般问这样几个问题，读者们可以思考一下笔者的问询初衷：

（1）多久出一次差，平均加班时间有多久？

（2）上一次年会在哪里开的？抽奖环节都有哪些奖项设计？

（3）周末一般会有哪些休闲活动？平时团队建设都有什么？

（4）为什么选择来这家公司，工作至今，自己的收获和不足有哪些？

虽然投资者与被投资者是工作关系，但是我们相信工作和生活是紧密相连的，必须全面感知团队的生活和工作氛围，特别是“90后”和“00后”进入职场的年轻人，他们是公司未来发展的“核心资产”。他们更加注重工作氛围，比如老员工对新员工的指导和关注，给予新员工更多的责任和机会锻炼，会让他们更加有存在感，会让他们更加忠诚于一个团体。可以从侧面感知这个团队的稳定性和持续性。另外，在问题的设计层面，可以用开放式的问题，探究团队新员工是否愿意思考和不断改进，而不只是简单的执行者。

同样的，当与管理层沟通的时候，要体会他们是否提携后进，是否愿意分享与指导后辈。管理层是公司文化的制造者和传播者，他们的意识胜过执行层面的努力。

在访谈之余，可以加同行们的微信，去浏览其朋友圈状态，从侧面了解团队氛围。

总的来看，对团队层面的了解更多地偏重于感性层面，注重开场话题的设计，当双方将话题聊开，气氛融洽，很多言语其实言由心生，更加真实。

（四）详解之“Clarify”证实

作为“4C”中最核心的一环，需要实现以下两个目标：

（1）判断验证与得出结论；

（2）文件归档。

我们回想一下之前执行的程序，从线索制定到资料获取，再到核心“铁三角”的分析和深挖，最后一步“验证”和“结论”似乎可以水到渠成了，毕竟在最前端的“线索”环节中，我们花了很多时间在做动态调整。实际工作中，这个环节要和团队一起完成，分解成不同的部分，比如前面提到的投资管理和风控两个部分，其目的是希望借助团队的力量，多角度去评估管理人团队，从而可以发现更多的问题和风险点，这是一个“横向扩张”发散的思路。

到这里，得出结论仍然是不够的，因为少了一个“纵向穿透”的程序。

什么是“纵向穿透”？学过或者做过审计的朋友会更容易理解，类似于“穿行测试”。在审计中，这是一个基于风险识别和控制的测试程序。当评估完企业各个业务环节证实内部控制确实存在以后（如生产、采购、销售环节），我们需要全流程进行抽样，查看各个环节涉及的文件表单等资料，来验证是否每一个环节的设置和执行都与客户所承诺的不存在重大差异。在测试的过程中，任何一个环节出现缺失，任何一个环节对应的文件不匹配或者文件记录的信息以及数据有异样，都将表明所测试的内控环节是有问题的，并且可能存在财务错报，不是简单地增加抽样就可以 PASS 掉的。

回到 GP 尽职调查，与我们使用的“穿行测试”的原理基本一致，其核心点在于项目挑选和文件审查。具体流程如下：

第一步，根据拟投资基金的投资领域、投资策略、投资阶段、投资金额等涉及项目层面的关键信息，挑选出就需要测试的几个项目。

第二步，根据前期了解到的项目全过程管理（募投管退）和公司运营管理的制度，以每个项目为单位去获取覆盖上述流程的一套资料作为一个样本。

第三步，抽取足够的项目，来验证制度是否真正落地执行。

第四步，归档和分析资料，评估 GP 投资与管理能力以及风控制度的落实。

举一个例子，笔者在某基金募集说明书中看到其投资策略为：参股成长型 + 控购并购型 + 风险投资型。在与管理层的沟通中，对方明确表态上述三类投资比例分别为 3∶3∶1，且对应的投资领域分别为 A、B、C，我们需要对已经投资的项目进行整理和归纳，根据投资类型、投资领域和投资金额分别筛选出不同的项目，保证测试类型覆盖所有的情况。

在筛选的过程中，要特别关注“金额”指标。首先，“金额”代表着基金规模。要重点关注两种进度：基金资金募集进度和基金投资进度。有的基金会同步进行，有的会分步进行。我们更看好前者，因为同步进行效率更高且对优质项目的把控更严密，没有一家公司喜欢收到 TS 之后便没有下文了。对于前者的了解，我们会要求对方的 PR（Public Relation 公共部门，负责与机构对接）负责人提供潜在 LP 清单，其中要包括：

（1）LP 性质：重点关注 LP 中大型央企、母基金、上市公司、险资等具有背书效应的机构，它们的选择可以从侧面体现其对基金实力的认同。另外，部分企业有天然属性，如央企对风险的厌恶、险资对投资周期的偏好等，都可以有效帮助我们去了解这个基金的定位是否与我们的需求相匹配。

（2）双方沟通进度与意向：大概了解、拟投资、拒绝等。一般基金在刚开始募集的时候时间较长，这是一个互信的过程。从经验来看，一旦成功签约一位 LP，其他机构便会加快其选择流程。但是，我们要注意有意向不等于会最终签约，这只是一个参考指标，需要有自己的判断，不能跟风，比如别人投我也投，别人不投我就不投。用别人的选择去决定自己的选择，就会丧失自主判断能力，风险很大。

（3）LP 内部流程：这一部分一方面可以从侧面感知基金公司 PR 工作的细致程度，如果不能及时统计或者根本不统计 LP 流程进度，我们会认为基金公司将无法把控募集进度从而影响到投资时点，无法与 LP 保持密切沟通从而影响到资源圈人脉的建立；另一方面可以从侧面感知 LP 对基金的认可度。如果投资人跟踪半个多月后，发现基金提供的进度一直没有变化或者直接告诉你 LP 很忙还没有回复，这是什么原因呢？笔者认为关键的节点在内部会上，这个环节一般在 1 周或者半个月。如果潜在 LP 通过了董事会决议，基本上这个 LP 就可以确定会认购该基金的份额。

（4）认缴/实缴金额：关注这部分的原因是可以通过每位 LP 认缴金额和基金总规模来推断基金募集时间。如果基金总规模为

20 亿元，最低认购 2000 万元，基金预估 1 年募集期，但是快到年末了才募集到 10 个亿，年终即便流动性充足，我们也会评估该基金成功募集的可能性不高。另外，如果基金的投资风格是“大手笔”控股型投资，历史单笔投资金额平均为 2 亿元，这种类型基金的募资过程可能较缓慢，那么募集进度过慢是否会影响到投资业绩，这一点也需要关注和评估。针对制度文件方面的检查，要重点关注投资决策委员会（以下简称“投委会”）纪要，比如是否签字完备、审核意见以及后续资料的补充等。其中签字完备是为了排除“一言堂”的可能性，集体决策可以有效降低决策风险。成熟的基金公司会上线内部管理系统，每一个项目都应该被系统清楚地记录下决策痕迹，并在服务器上存有附件资料。而审核意见是关注决策流程的专业性和持续度。投资人很担心 GP 为了“管理费而生”，主动管理能力很差，对项目“胡乱投资”甚至存在关联交易等情况。流程的专业性体现在投委会是否对项目提出具体的评估意见，以及要求执行团队补充的额外风控措施；常见的如要求补充相关尽职调查内容、增加投资条款等。我们也会检查执行团队的上会资料，如投资意向书等，去评估团队的专业能力。

从感性的角度来看，资料的完备性体现了 GP 的细致和条例；从理性的角度来看，文字记录彼此之间有逻辑性是对访谈的验证，能客观地反映一些问题。

二、心得与体会

对 GP 的尽职调查不仅是脑力活，更是体力活，既需要保证广度，尽可能多地涉及团队、项目和制度方面内容的检查，也需要保证深度，对每一个选出的项目所涉及的流程都要完整地走一遍。

另外，动态调整需要贯穿在整个尽职调查过程中。如果我们发现在“验证”（最后一步）环节，对于选择的项目所做的测试还无法支撑我们得出的结论，那么，我们还需要挑选更多的项目来执行“穿行测试”。

至此，对 GP 的尽职调查的所有流程已经全部结束，在整个过程中，感性和理性处在不断地切换和调教中，没有一个固定的模版或者思路去借用，笔者感触最深的还是那句老话——“磨刀不误砍柴工”，前期做好充分的准备工作，多一份了解，多一份计划，就能控制多一点的风险。

第二节　项目财务尽职调查

一、项目财务尽职调查的逻辑与方法

与其说是开展项目财务尽职调查，不如说是将对公司的分析整合到基于行业的研究中。这么说有点拗口，简单一点就是行业研究的加强版，财务分析只是另一个维度的验证。验证什么？验证拟投资公司是处于我们所判断的未来快速发展的行业之中，且该公司具有核心竞争力。再简单一点就是我们想去验证：行业和公司都处在高速发展期，都有价值。

（一）财务分析绝不是项目财务尽职调查的第一步

看到财务尽职调查，很多人的第一个想法就是拿财报，看批注，作分析，结束。看似水到渠成、逻辑合情合理，特别是笔者职业的起点在会计师事务所从事审计工作，也被培养出了依靠财务报告这种直截了当的工作方法。

但是，这样的做法是有问题的，因为财务报告是用来佐证你的判断，而判断来源于你对行业的了解、对公司的比较和对目标

公司业务的分析。所以开展项目财务尽职调查的第一步是了解公司所在的行业，发现行业的特征，再去了解业务体现出来的财务特征，最后再去展开相应的分析。

（二）万事开头难

项目尽职调查50%的时间建议采用TOP TO BOTTOM的方式，从宏观到微观，自上而下地梳理。“磨刀不误砍柴工”，TOP宏观分析层面肯花时间，工作做得越细致，后续BOTTOM微观层面的分析才会更有效、更聚焦、更有价值。

所以在开展工作之前，我们需要想明白两件事：

（1）TOP TO BOTTOM应该分解成哪些需要考虑的因素？

（2）需要关注哪些内容？

首先，TOP TO BOTTOM对应宏观到微观的分解，具体包括但不限于宏观经济、行业与细分领域、竞争对手、业务数据、财务报告、财务指标等。具体步骤如下：

（1）通过宏观和微观分析，了解行业整体和微观个体的行业属性，最终的目的是去判断这个行业所处的生命阶段、未来发展趋势，以及是否具有投资价值。

（2）判断清楚行业发展的大方向后，再作进一步分析：通过分析业务属性去发现财务属性。比如判定为资金密集型的行业，我们会重点考虑融资扩张是否是企业做大做强的一个有效途径，评估每年固定资产支出金额，对应折旧对损益的影响，等等。

（3）确定重点科目、重点指标等。接着上文所举的例子，我们会关注固定资产、在建工程、长短期债务、收入增长性、负债率等指标。

（4）通过数据分析，发现问题和机会。

（三）TOP 分解

TOP 是指宏观因素，重点关注宏观经济、行业与细分领域、竞争对手。

在国内，宏观经济发展情况永远与政策挂钩，不能忽略政策风险。对于这一点，笔者的体会是，政府强力支持的行业，机会和风险是并存的，可持续但是竞争激烈。比如新能源汽车和光伏产业，抛开常规发展过程，从粗犷扎堆运营、前期吃政策红利，到后期精细化运作再到行业整合，政府扮演着市场教育和推动的角色，补贴等红利刺激可以吸引各类企业“百花齐放”。未来是否会“一地鸡毛”，消费者的需求能否跟上产能放量，我们需要时刻紧盯相关行业的政策方向。

（四）BOTTOM 分解

BOTTOM 对应微观因素，重点关注财报和指标等。另外，我们还需要关注市场中的参与者，包括但不限于政府、供应商、客户、股东、债务人和中介机构。为什么要关注参与者？因为我们要以最大可能的消费信息的不对称性来还原一家企业的真实情况，从而判断企业的价值。

（五）工作方法

涉及的方法有对比、分解、聚焦（见图 3.2）。

对比可以分为纵向对比（产业链分析）与横向对比（竞争对手对比）。

分解是将抽象的问题具体化，然后分解成不同的环节，逐个环节去找到核心问题。

聚焦是将核心问题归类，依重要性衡量与排序，找到最核心的问题（群）。

这三个方法中，最重要的环节是分解和聚焦。

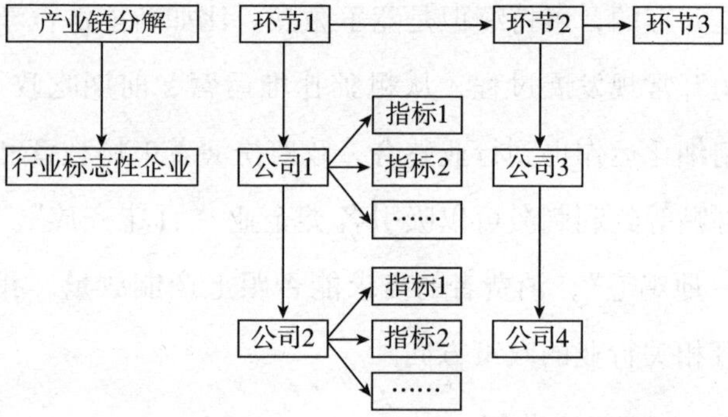

图 3.2 “对比—分解—聚焦”工作方法

（六）分解剖析

分解有多种维度，如公司部门/流程分解，特别是在选择基金管理公司，考虑公司内控合规、决策有效性的时候，这个维度很重要。实战中，我们会先识别关键环节——投资决策流程，然后将该流程分解到对应的负责人，再根据责任矩阵一一与之匹配，最终将项目投资风险与价值实现分解到关键责任人，我们会关注有限合伙协议中针对关键人离职变动等因素对基金运营业绩造成影响的控制条款。这样，一个完整的分解流程就结束了。有的朋友会认为问题往往并非是一个因素造成的：影响基金业绩的不单单是几个关键人，可能还有团队，还有激励制度，等等。这是一个好问题，所以分解方法往往要根据不同的维度反复做好几次，核心在于尽量去考虑周全所有的维度。依据笔者的经验，常见的维度有以下几个：

（1）产业链分解（特别是研究一个陌生/新兴的领域）；

（2）流程分解（制造业/TMT 等领域）；

（3）产品线分解（成熟/传统行业、盈利增长性考虑）；

（4）客户/区域/收入等盈利指标分解（盈利增长性、局限性考虑）。

分解的目的是给聚焦作铺垫，它的好处在于可以帮你理清线索，方便你在同时处理不同项目的时候，可以快速回想起每一个项目的工作进度、重点，这样就不会造成忙中出错，或者重复劳动，效率不高。特别是在截至日期前，几个项目都要出尽职调查报告，但是每一个项目资料都不全，或者都在进展过程中，如果你是一个思维发散、富有创新能力的投资经理，那么你会很痛苦。假设你没有按照分解进行线索梳理，每次回头看在手的项目，你都会有新的想法，发现新的问题，单个项目之间线索交叉，更别提多个项目间线索交叉、非常混乱，那么你必须停下推进的脚步，花大量的时间先梳理一下自己的思路，这样会很痛苦。

所以，推进或者暂定当前进度的时候，要先复习或者结束分解工作，保证有始有终，提高自己的效率。

（七）聚焦剖析

在项目执行过程中，核心竞争力在于PE投资经理对标的判断的效率和准确性，这两者并不矛盾，具体可关注以下几点：

（1）核心环节（所有行业通用的分析逻辑，常见的如制造生产流程等）；

（2）核心产品/客群（大消费零售适用，基于需求和场景切入点的展开）；

（3）核心技术（技术导向性行业，如TMT、医疗等）；

（4）核心商业模式[①]（配合GAP[②]/场景判断）。

二、操作指引

我们推崇高瓴资本张磊先生的观点：优秀的投资者应该崇尚分析师精神。分析师的核心在于对行业的深入理解。所以我们在工作中，非常关注对行业属性的挖掘，并以此为指引展开针对性

---

① 笔者拙见：商业模式只是锦上添花，并非是核心竞争力。需要聚焦的原因是对于早期项目，检验其商业模式是否可以成立是企业未来发展成熟的基础。通过持续监控相应的指标（假设没有刷单造假等），如APP注册用户数量增长，付费用户数量、复购率等，可以间接判断其商业模式是否成立，从而判断企业未来发展壮大的可能性。

② GAP逻辑的含义是假设历史会重演，发展中国家的产业会沿着发达国家相同产业进行发展的这一规律。如58同城的价值是对标美国Craigslist的存在，两家公司的发展存在一个时间GAP，Craigslist创立在前。投资逻辑是，如果Craigslist很成功，假设这个需求是普遍存在的，那么中国也会出现这样一家公司。

的财报分析。那么，如何进行财报分析呢?

第一，获取数据。对于上市公司，可以通过门户网站浏览相关公开资料，如巨潮资讯、全国中小企业股份转让系统。对于没有上市或者在新三板挂牌的企业，关键是要定位该企业所在的行业以及细分领域，然后去找对应上市公司进行对标分析。相关工具有如同花顺、Wind 为据等。如果我们想深入了解一个行业，最高效的方法是什么？找对标上市公司的公开转让说明书或者上市招股说明书。翻开目录，直接定位到对应的章节。比如在上市招股说明书中，第六节的“业务和技术”；在公开转让说明书中，第二节公司业务中对应的“公司所属行业情况”。

第二，财务分析应该搜集的信息是否只有经过审计的企业报表和附注。笔者认为，对财务数据这个定义要作广泛的理解，不应该只局限于财务报告以及批注，还应当关注企业年报、年报摘要等。这里我们作一个总结，根据笔者的经验，需要关注的包括但不限于以下内容，如表 3. 3 所示：

表 3. 3　财务尽职调查关注内容

年报/公开转让说明书	管理层讨论与分析
	主要财务数据和股东变化浏览
	审计报告与附注
	股权变动与持股集中度
	重大事项提示
	商业模式与行业分析

续表

其他公开信息	人员变动（特别是高管变动、履历等，配合业务变更来看）
	股权激励（实际控制人变更等关注）
	对外投资、子公司设立（配合主营业务判断战略变化）
	对外债务融资、股权质押、资产处置、担保等
	对外股权融资（股票发行公开、股份认购对象以及资金用途）
	关联交易（判断有无战略变化）
	对外签订重大订单
	相关制度发布（关注会计变更、营业范围变更等）

第三，如何进行高效分析。

以新三板企业为例，我们一般聚焦于以下几个方面，分析先后顺序如下：

（1）仔细阅读年报“管理层讨论与分析”章节，关注当年的重大事件；

（2）仔细阅读年报“主要财务数据和股东变化浏览”，详细年报附件备查；

（3）仔细阅读年报上述财务数据，关注增减比例，详细年报附件备查；

（4）仔细阅读公开转让说明书，关注行业分析与商业模式；

（5）审计报告备查，除了审计意见外，不用通读；

（6）浏览年报其他事项，如首页“重大事项提示”；

（7）“公司治理”章节可跳过。

最终，要编写项目发展的时间表，只不过这个时间表的跨度将聚焦于从挂牌新三板到某个检查时间点，以便编者通盘了解企业在特定考察期内的主营业务发展、人员变动、资本运作等情况，评估企业发展是否健康且可持续。

第三节　法律尽职调查

一、法律尽职调查概述

法律尽职调查是指为某种交易行为之目的（资产收购、股权收购、兼并重组等），通过收集目标企业或项目的相关资料、文件、信息以及其他事实情况，并从法律或规范性政策文件的角度进行调查、研究、分析和判断，从而为交易行为提供关于合法性和风险方面的意见。

二、法律尽职调查的目的

法律尽职调查可以使投资方尽可能地了解被投资企业股权或资产的全部情况，尽可能地全面预知和判断潜在投资风险及风险大小。通过尽职调查，投资方可以做到以下几点：

第一，确认被投企业是否合法成立及有效存续；

第二，核查企业提供资料的真实性、完整性；

第三，发现被投企业现存的法律问题及风险，并提出解决方案等。

三、法律尽职调查的原则

第一，客观性原则，就是要求调查人员在尽职调查的过程中，一切以事实为依据，客观、公正对事实进行描述，不掺杂个人主观判断。

第二，全面性原则，就是要求调查人员在尽职调查的过程中，要对可能造成投资风险的各个主要方面都进行调查，范围全面，不出现重大遗漏。

第三，独立性原则，就是要求调查人员在尽职调查的过程中，不受被调查对象的影响，对于参与调查的中介机构的意见，要独立判断，不盲从。

第四，及时性原则，就是要求调查人员在尽职调查的过程中，一旦项目启动，就应立即展开工作；尽职调查期间变化的数据，要及时更新。

四、法律尽职调查的流程

对于一个重大投资项目，法律尽职调查通常经历的程序如图3.3所示：

由于调查范围广、调查对象千差万别，每个法律尽职调查都是独一无二的，需根据实际情况确定安排具体工作流程，但通过归纳，可以总结出法律尽职调查通常所需的一般流程：

（一）法律尽职调查前的准备工作

法律尽职调查通常是配合项目总体的尽职调查而进行的，在调查前，项目的一些前期工作就已经准备完毕，如已经就项目签署了《保密协议》、被投资企业向投资方披露项目的基本信息等。

图 3.3　法律尽职调查程序

有的项目除了签署《保密协议》，还会更进一步签署《合作意向书》《投资框架协议》等协议，使投资方对被投资企业的资产及运营情况有进一步的了解。

（二）成立尽职调查小组

开始尽职调查工作之前，投资方一般会指定一个由行业专家、财务专业人员、法律专业人员组成的尽职调查小组，其中法律专业人员负责法律尽职调查；调查小组的人员可以是投资方自己的团队，也可以外聘第三方中介机构。

（三）拟定调查计划，准备法律尽职调查清单

拟订调查计划是做好法律尽职调查的重要前提，各个行业和企业都有各自的特点，拟订调查计划需建立在充分了解投资目的和目标企业组织架构的基础上。

准备法律尽职调查清单是拟订调查计划的一个重要环节，一份好的调查清单往往能起到事半功倍的效果。

（四）资料汇总，出具报告

被投资企业根据法律尽职调查清单把所有相关资料搜集在一

起并准备资料索引，然后由调查人员根据搜集的资料撰写《法律尽职调查报告》，《法律尽职调查报告》应如实反映尽职调查过程中发现的问题。资料汇总和出具报告的过程是法律尽职调查的主要工作内容。

（五）内部复核，递交汇报

内部复核是尽职调查重要的风险控制手段，法律尽职调查亦不例外。内部复核工作一般由经验较为丰富的调查人员担任，经过内部复核确认没有问题的调查报告才可以提交汇报，以供决策使用。

对于规模较小的交易或较小的 PE 投资机构而言，上述程序可以简化。《法律尽职调查报告》可以不作为一个独立的调查报告出具，而是出具一份汇总版的《尽职调查报告》，而将法律尽职调查和财务尽职调查作为汇总版《尽职调查报告》的独立章节，但法律尽职调查的一般流程是不变的。

五、法律尽职调查的方法与内容

（一）法律尽职调查的主要方法

（1）收集与审阅文件资料：调查人员应当先编制尽职调查法律文件的清单，尽可能地收集尽调所需的各项资料，如公司工商注册资料、财务报表、合同等，并仔细审阅，尽可能地发现潜在的法律风险及其他重大问题。

（2）相关部门的信息查询或核实：对于涉及工商、诉讼、证券、环保、社保、税务等方面的问题，还可以向相应部门的信息公示系统进行查询或直接向相关部门进行核实。

（3）相关人员访谈：对于文件资料不详尽的或者没有文件资料佐证的，或调查人员认为文件资料可能不真实的，应与企业的董监高人员以及各相关部门的负责人员进行面谈，以进一步求证。

（4）企业实地调查：实地查看企业的实际经营场所、土地、厂房、存货、设备和产品等实物资产，以及企业的用水、用电、用气等数据。

（5）参考外部信息：通过网络、新闻媒体、同行业企业、业内人士等信息渠道，了解公司及其所处行业的情况。

（6）小组内部沟通：调查小组成员拥有不同的背景及专业，其相互沟通也是实现调查目的的一种方法。

（二）法律尽职调查的主要内容

（1）目标企业的工商信息。主要包括目标企业的设立、注册资本缴纳与变化、股东及股权转让、年审、有无被吊销或注销等情况。重点关注目标企业的章程、合伙协议等效力性文件及这些文件中关于兼并、收购或者其他可能导致企业控制权转移的重大交易的决策机制及流程，以正确分析目标企业被并购的难易程度。

（2）目标企业的主要人员信息。主要人员是指能够控制、管理或对企业有重大影响的人员。如目标企业是公司的，主要人员指股东、董事、监事和高级管理人员；目标企业是合伙企业的是，主要人员是指合伙人、执行事务合伙人、主要管理人员等。重点关注主要人员的信用信息，以及有无法律法规规定的禁止担任相应职务的情形。

（3）目标企业的治理结构。目标企业的治理结构可以反映企业的经营决策等是否规范。例如对于公司而言，股东会/股东大会、董事会、监事会三会权责如何划分，是否正常运作等，由此可以看出公司的治理规范程度。在兼并收购的情况下，尤其是要关注与兼并收购有关的权力机构的决议、决定等，是否符合章程、合伙协议等效力性文件的规定，以确保程序上无瑕疵。

（4）目标企业的资产。企业的资产包括：①土地使用权、房产；②机器设备等固定资产；③知识产权（专利权、商标权、著作权）、特许经营权、域名等无形资产。法律尽职调查关于资产的分类与财务尽职调查有所区别，财务上，房产属于固定资产，土地使用权属于无形资产。而法律上，物权是法定的，物分为动产和不动产，土地和房产属于不动产，而机器设备等属于动产。法律尽职调查一般按照法律上的规定对资产进行分类。

1）土地与房产

土地的调查重点是土地使用权的取得方式及土地的用途。土地使用权的取得方式，是指土地是出让取得的还是划拨的。土地的用途是指土地是住宅用地、商业用地还是科教文卫用地，不同的土地用途也决定了土地的使用期限。除此之外，房产和土地的共同调查重点是权利是否完整受限，有无瑕疵，有无出租或抵押，有关权利的证书是否已取得，取得该权利时的对价是否已付清，有无可能影响使用权利的事件，如近期内是否会发生政府征用、强制搬迁，等等。

2）机器设备等固定资产

机器设备是企业的重要生产资料，重点核查取得该固定资产时的对价是否已付清，对固定资产的权利是否完整受限，有无瑕疵，有无出租或抵押或质押等。

3）知识产权

在一些目标企业中，以知识产权形式存在的无形资产较其有形资产可能更有价值。重点关注企业对该知识产权的权利证书是否取得，如何取得，权利是否完整受限，有无瑕疵，有无质押等；同时还应当注意是否存在有关侵权诉讼，以准确评析可能存在影响该知识产权的风险。

（5）重大合同：重大合同的标准并不完全统一，与公司的业务、合同金额等都有关。大多数公司都有若干对其成功至关重要的重大合同，如销售合同、贷款合同、抵押合同、特许权使用合同等，核查这些合同中是否存在目标企业控制权发生变化时就得提前履行支付义务或终止使用权或相关权利等的规定。如果存在，则对于收购方应慎重考虑收购安排。

对于合同金额较大的合同，往往需要重点审查。金额较大的标准，可以根据企业的营业收入、净利润等财务指标确定。

收购时还需重点核查合同中有没有与收购方自己的业务计划不相一致的内容，如新的扩产计划，对外投资计划，重大资产、关键知识产权的出售、转让或授权安排，与供应商或客户签订新的长期合同，股权激励计划等。以防止收购后对收购方自己的业务产生冲击。

（6）关联交易和同业竞争。关联交易和同业竞争涉及企业独立性问题。《公司法》《企业会计准则第 36 号——关联方披露》和一些上市公司规则中对于关联交易或同业竞争作了规定，可以根据相关规定进行核查。对于并购方而言，重点关注关联交易是否公允，关联交易和同业竞争是否已经或可能给企业造成损失。

（7）目标企业的债权债务情况。债权重点关注债权质量，有无担保增信措施，可以配合财务调查人员判断债权产生坏账的可能性。债务较债权而言一般更为复杂，需要仔细核查。目标企业的债务可分为已知的债务与潜在的债务。已知的债务会在企业的财务报表中反映，而潜在的债务主要是或有负债，部分财务不规范的企业还包括表外负债，更需要调查方仔细核查及拥有一定的经验。

目标企业的负债，无疑会增大收购方的责任，而或有负债会为并购方的责任带来不确定性。这些责任虽然不能完全避免，但可以与出售方谈判，从应付给出售方的款项中扣除或由出售方提供相应的担保以减轻收购方的风险。

（8）目标企业的人力资源。主要核查目标企业与员工的劳动合同签订及五险一金的缴纳情况，收购后需要进行人员调整的，需要关注终止合同可能的赔偿，是否存在高薪补偿被辞退的高级管理人员及股权激励计划等。

（9）重大诉讼、仲裁或行政处罚。调查人员需要了解是否有诉讼、仲裁或行政程序影响到目标企业，包括已经生效但未履行完毕的、正在进行的、即将开始的或者有可能产生的诉讼、仲裁或行政程序。

（10）税收和环保。税收和环保是企业容易出问题的地方，企业 IPO 时，税收和环保就是法律尽职调查的重点内容。对税收调查而言，应重点调查已纳税情况、有无欠缴款等，以避免收购方因补税和罚款而增加负担。

对环保的调查，包括确认目标公司适用的环保规定，目标公司设立时的环保审查，目标公司有无违反环保规定的行为，目标公司有关排水排污的许可证和许可的遵守情况等，环保部门有无发出整改通知、作出行政处罚等，以避免环保产生的罚款、限期整改、停产等责任。

（11）必要的批准文件。目标企业经营的业务需要特殊许可的，需要事先审查一下目标企业有无相应的批文及批文的真实合法有效性。

（三）尽职调查中需要收集的资料

尽职调查中需要收集的资料主要有以下几项：

（1）工商营业执照；

（2）最新版公司章程及历次章程修正案；

（3）法定代表人身份证明及其必要的个人信息；

（4）高管信息；

（5）公司规章制度；

（6）历次验资报告；

（7）最近三年的财务审计报告及最近一期财务报表（简称“三年一期”）；

（8）股权结构及实际控制人情况；

（9）人民银行征信报告；

（10）历次增资协议及补充协议；

（11）公司融资情况（借款明细、后续融资计划）；

（12）对外担保情况说明；

（13）抵质押物说明；

（14）权属证书；

（15）资产评估报告等。

若为国家规定的特许行业，还需查看：

（1）有关部门的有关审批文件和许可证或备案文件；如果是投资企业涉及的相关项目，还需查看项目资料，如项目立项或备案文件。

（2）环评报告。

（3）相关部门的项目批文（国土、林业、水利、地震、文物、防洪、人防等，如有）。

（4）项目相关证照；项目可行性报告及批复等。

第四节　法律尽职调查实务操作

法律尽职调查的内容是较为广泛的，涉及企业的方方面面，如历史沿革、资产负债、业务经营、公司治理、人力资源等。就PE机构而言，有些问题一般性地关注即可，而有些问题则需要重点关注。本节就实务中的一些重点问题进行分析。

一、注册资本相关问题

（一）债权出资问题

2006年《公司法》修订时，允许以债权对公司增资；2014年《公司法》再次修订时，取消了非货币出资的比例限制。《公司法》第二十七条规定："股东可以用货币出资，也可以用实物、知识产权、土地使用权等可以用货币估价并可以依法转让的非货币财产作价出资；但是，法律、行政法规规定不得作为出资的财产除外。"2014年2月20日，国家工商总局颁布的《公司注册资本登记管理规定》（57号令）第七条规定："债权人可以将其依法享有的对在中国境内设立的公司的债权，转为公司股权”。因此，目前法律上对于债权出资是没有障碍的。债权出资实务当中要重点审查债权的真实性与合法性。不仅要审查债权合意的凭证，如借款合同等，更要审查款项支付的凭证，支付凭证应是银行等第三方机构的客观凭证，如银行转账单、对账单等，甚至于出资方与公司的历史资金往来，也要进行核查。

以实务中操作的一个并购案例为例，标的公司注册资本由1000万元增加至6000万元，增资5000万元，其中的4000万元系用债权出资。债权出资部分履行了资产评估和会计师事务所的验资程序。但核查后发现，虽然出资方确实曾经将4000万元借给过公司，但是之后双方有其他资金往来，债权资金与其他资金往来混在一起，导致事实上的债权已经不足4000万元。

（二）无形资产出资

1. 无形资产出资的法律规定

与债权出资一样，《公司法》也允许股东以无形资产出资，法律依据同样是《公司法》第二十七条。实践中，用于出资的无形资产主要有土地使用权、专利权（发明、实用新型和外观设计）、商标权、著作权、具备商业价值的非专利技术许可等。

对于无形资产出资的估值，《公司法》也在第二十七条中作了规定：“对作为出资的非货币财产应当评估作价，核实财产，不得高估或者低估作价。法律、行政法规对评估作价有规定的，从其规定”。

关于无形资产出资比例的问题，《公司法》的规定是从严到宽的。1999 年《公司法》规定“以工业产权、非专利技术作价出资的比例不得超过公司注册资本的 20%，国家对采用高新技术成果有特别规定的除外。”2006 年《公司法》规定：“全体股东的货币出资金额不得低于公司注册资本的 30%，”也就是间接将无形资产等非货币性资产的出资比例提高至 70%。2014 年《公司法》删除了非货币资产出资比例的相关条规，彻底放开了包括无形资产在内的非货币资产的出资比例问题。

2. 对无形资产出资的核查

无形资产因其无形，重点需要核查无形资产的权属及估值。权属方面，需要核查无形资产的权利是否归属出资人，是否属于职务作品、合作作品；用于出资的无形资产是否已依法办理权属转让登记手续，变更至标的公司名下。估值方面，应核查评估定价的依据与合理性。无形资产评估评估价值浮动空间较大，一旦最终查证的无形资产的真实价值大幅低于评估价值，则将证明原股东出资不实，对投资人不利，因此需要重点核查。无形资产作价出资的评估报告是证明无形资产估值的重要依据，但鉴于国内的商业环境，必要时还应向行业专家咨询、求证无形资产的价值。

虽然《公司法》对于包括无形资产在内的非货币资金的出资比例没有限制，但是实务当中对于无形资产比例过高的企业，应重点关注。这里可以参照证监会以往在企业 IPO 审核时对无形资产出资问题的标准："如实披露，承认有不规范且瑕疵的地方；充分解释不存在出资不实的情况，对企业的注册资本无影响，不影响后续股东的利益；用于出资的无形资产不能是职务作品，应已经办理产权转移手续等。"①

同样以实务中的一个案例为例。某标的公司注册资本为20000万元，其控股股东以两项发明专利作价出资12000万元，占总注册资本的60%，大股东没有其他货币出资。虽然两项发明专利均有评估报告，但是经审查，我们认为两项发明的估值较高且占注册资本比例高。此外，大股东没有其他货币出资，股权结构不合理，如果将来以IPO等方式退出，存在风险，总体而言不是一个很好的投资标的。

（三）注册资本出资不实

1. 出资不实的成因分析

注册资本出资不实是我国中小企业普遍存在的一个问题，也是尽职调查过程中经常会遇到的问题。出资不实分为虚假出资和抽逃出资，前者是出资时资金就没有到位，后者将资金出资至公司后不久挪作他用，实践中以后者较为常见，其中又以货币资金出资后抽逃的情况较多。分析其成因，一是历史上我国《公司法》对注册资本金额的要求较高；二是公司发展到一定程度后，为开展业务需要，需将注册资本增加到一定规模，但股东并不一

① 刘乃进．法律尽职调查9类常见问题分析与核查[EB/OL]．微信公众号：PE实务．

定有足够的资产用于出资；三是有的股东因资金周转或整体规划等原因，认为如果标的公司暂时没有投资的需要，则将大额资金闲置在标的公司是一种资源浪费。抽逃出资常见的做法是找中介公司垫资，验资后便将资金抽回，偿还给中介公司。

2. 出资不实的法律责任

（1）《公司法》

《公司法》第三十五条规定："公司成立后，股东不得抽逃出资。"第二百零一条规定："公司的发起人、股东在公司成立后，抽逃其出资的，由公司登记机关责令改正，处以所抽逃出资金额百分之五以上百分之十五以下的罚款。"

（2）《刑法》

出资不实情节严重的，可能会违反《刑法》，构成犯罪。《刑法》第一百五十九条规定了"虚假出资、抽逃出资罪"："公司发起人、股东违反公司法的规定未交付货币、实物或者未转移财产权，虚假出资，或者在公司成立后又抽逃其出资，数额巨大、后果严重或者有其他严重情节的，处五年以下有期徒刑或者拘役，并处或者单处虚假出资金额或者抽逃出资金额百分之二以上百分之十以下罚金。单位犯前款罪的，对单位判处罚金，并对其直接负责的主管人员和其他直接责任人员，处五年以下有期徒刑或者拘役。"

虚假出资、抽逃出资罪是数额犯，《最高人民检察院、公安部关于公安机关管辖的刑事案件立案追诉标准的规定（二）》第四条规定："有限公司股东虚假出资或抽逃出资30万元以上并占其应缴出资数额60%以上的，股份有限公司发起人、股东虚假出资或抽逃在300万元以上并占其应缴出资数额30%以上的，或造成公司、股东、债权人的直接经济损失累计数额在10万元以上的"，构成该罪。

（3）IPO的要求

《首次公开发行股票并上市管理办法》第十条规定："发行人的注册资本已足额缴纳，发起人或者股东用作出资的资产的财产权转移手续已办理完毕，发行人的主要资产不存在重大权属纠纷。"第十八条规定："最近36个月内违反工商、税收、土地、环保、海关以及其他法律、行政法规，受到行政处罚，且情节严重；同时也要求发行人及其控股股东、实际控制人最近36个月内不存在'严重损害投资者合法权益和社会公共利益'或'涉嫌犯罪'。"

出资不实明显与《首次公开发行股票并上市管理办法》的规定不符，同时可能会导致公司被工商行政处罚或相关行为人负刑事责任，故会对IPO构成实质性障碍。

3. 出资不实的核查

出资不实的核查一般从以下几个方面入手：

第一，核查出资的银行对账单及出资后一段时间内公司账户的流水记录，这是最直接的方法。

第二，分析公司的财务报表，重点关注应收账款、应付账款、预收账款、预付账款的明细，通过对这些会计科目往来明细的核查，可以发现出资不实的痕迹。

第三，与公司原股东访谈。出资不实的核查应以书面调查为主，但适当的访谈能够使调查更有效率。出资不实一般较为敏感，访谈时需要使用一定的技巧并注意措辞。

二、资产状况

第一部分是与注册资本相关的分析，注册资本是公司成立时股东投入的资产，注册资本在公司经营过程中会发生转化，成为各种其他资产。一般情况下，企业的资产主要是土地和房产、机器设备和存货、知识产权等。

（一）土地和房产

土地、房产是企业的重要资产，会直接影响到对企业整体资产价值、资产完整性的判断。关于土地，主要核查土地的取得方式、用途及年限。我国土地的取得方式分为出让和划拨，出让取得的土地可以转让，价值较高；而划拨取得的土地无法转让，价值较低。我国土地的用途分为住宅、工业、科教文卫、商旅娱乐、仓储及其他综合用地，根据我国《城镇国有土地使用权出让和转让暂行条例》第十二条的规定，各种类型的土地年限为："居住用地 70 年，工业用地 50 年，教育、科技、文化、卫生、体育用地 50 年，商业、旅游、娱乐用地 40 年，仓储用地 50 年，综合或者其他用地 50 年。"

对于房产，一般应核查"四证"：房产局颁发的房屋所有权证（统一不动产登记证）、国土局颁发的国有土地使用证（即土地证）、规划局颁发的建设用地规划许可证及建设工程规划许可证、建设局颁发的建筑工程施工许可证等许可证照。如果是房地产开发企业，则销售房屋还需取得商品房销售许可证。

对于土地和房产，还需核查权利是否完整受限的情况，如有无设置抵押等，因为土地和房产是企业最主要的资产，很多企业会利用土地和房产进行融资。此外，还需关注影响土地和房产使用权利的事件，如近期有无政府征用、强制搬迁等情况发生。

对于租赁取得的土地和房产，还需核查出租人对土地和房产的权利来源，是否完整无受限、是否有权出租、是否属于转租及转租是否经过授权等。

（二）机器设备和存货

机器设备和存货在法律上统称为动产。实务中这类资产类型各种各样，尽职调查时需要具体问题具体分析。财务尽职调查时一般会做这类资产的盘点，因此这类资产的法律尽职调查可以和财务尽职调查同时进行。财务尽职调查关注这类资产的价值，而法律尽职调查则主要关注这类资产的权属状况，买受取得还是租赁取得，是否足额支付对价，权利是否完成，是否有抵押、质押等权利受限情况，等等。一些特殊的机器设备和土地房产一样，也是需要登记的，如医疗器械，需要取得医疗器械注册许可证。

由于这类资产十分庞杂，类型各不一样，实务当中，法律尽职调查前一般会做这类资产对应的法规或行业规范检索，以确定这类资产应当符合的标准，便于调查时有的放矢。

（三）知识产权

知识产权的审查重点及方案与前一部分中的无形资产相类似，这里不再赘述。

三、股权状况

股权是法律尽职调查重点关注的问题之一，如果说资产问题还会有财务尽职调查人员帮助一起审核，那么股权问题则以法律尽职调查为主。股权问题，除了核查设立时是否有出资不实或抽逃出资的行为外，还要重点关注股权的结构、历史沿革及税务问题。股权结构方面，股权是否过于分散或集中、是否存在员工持股等；历史沿革方面，股权变动频率如何、控股股东或实际控制人是否发生变化、是否存在股权代持行为、是否存在股权变更未登记等；税务方面主要关注股权转让的税务合规问题，即是否依法缴纳了税款。实践中，还有一类问题比较常见，也需要重点关注。现在很多初创或成长型企业都存在股权融资，而股权融资中业绩承诺和对赌是一种普遍现象，因此调查时需要核查标的企业是否与投资人签订了限制或不利于后来投资者的约束性条款，是否有对赌条款，以及是否有其他导致股权不确定的问题等。

这里重点讨论比较常见但在法律上认定却较为复杂的两个问题——职工持股会/工会持股及股权代持问题。

（一）职工持股会/工会持股

我国历史上国有企业及集体企业在改制过程中，为了鼓励员工入股，同时又受限于《公司法》关于有限责任公司股东人数不能超过50人，及《证券法》关于非公开发行的股份有限公司股东人数一般不能超过200人（超过200人的为公开发行，需履行IPO的审批程序）的规定，大批企业采用由职工持股会或工会代为持股的方式。

1. 职工持股会/工会持股法律地位的历史演变

1997年10月6日，民政部、外经贸部、国家体改委、国家工商行政管理局等四部委联合发布《关于外经贸试点企业内部职工持股会登记管理问题的暂行规定》（民社发〔1997〕28号），该规定第二条规定："职工持股会依法登记后取得社会团体法人资格。依据国家有关法规和职工持股会章程开展活动。"该规定一开始只适用于外经贸行业，但随着国企改革的推进，各省、各行业参照外经贸行业，也开始设立职工持股会。

从2000年开始，国家对于职工持股会的政策逐渐发生了变化。2000年7月6日，民政部下发《关于暂停对企业内部职工持股会进行社团法人登记的函》（民办函〔2000〕110号），明确指出，1998年国务院颁布了新修订的《社会团体登记管理条例》，该条例第三条第三款规定："不属于本条例登记范围的：……机关、团体、企业事业单位内部批准成立、在本单位内部活动的团体"。由于职工持股会属于单位内部团体，不应再由民政部门登记管理。……在国务院没有明确意见前，各地民政部门暂不对企业内部职工持股会进行社团法人登记；此前已登记的职工持股会在这次社团清理整顿中暂不换发社团法人证书。

2000 年 12 月 11 日，证监会《关于职工持股会及工会能否作为上市公司股东的复函》（法律部〔2000〕24 号）指出："职工持股会属于单位内部团体，不再由民政部门登记管理。对此前已登记的职工持股会在社团清理整顿中暂不换发社团法人证书。因此，职工持股会将不再具有法人资格。在此种情况改变之前，职工持股会不能成为公司的股东。另外，根据中华全国总工会的意见和《中华人民共和国工会法》的有关规定，工会作为上市公司的股东，其身份与工会的设立和活动宗旨不一致，可能会对工会正常活动产生不利影响。因此，我会也暂不受理工会作为股东或发起人的公司公开发行股票的申请"。

2002 年 11 月 5 日，证监会发布的《关于职工持股会及工会持股有关问题的法律意见》（法协字〔2002〕第 115 号）中指出："我会停止审批职工持股会及工会作为发起人或股东的公司的发行申请主要有两点考虑：其一，防止发行人借职工持股会及工会的名义变相发行内部职工股，甚至演变成公开发行前的私募行为。其二，在民政部门不再接受职工持股会的社团法人登记之后，职工持股会不再具备法人资格，不再具备成为上市公司股东及发起人的主体资格，而工会成为上市公司的股东与其设立和活动的宗旨不符"。根据这份意见，上市公司股东中职工持股会和工会都被要求清理，但对子公司网开一面，"对于工会或职工持股会持有拟上市公司或已上市公司的子公司股份的，可以不要求其清理"。

综上所述，目前职工持股会不再具备法人资格，不能成为公司的股东，职工持股会作为拟上市公司的发起人已经失去了法律依据。而工会虽然具备法人资格，但也被证监会列入了禁止名单。

职工持股会因为无法登记成为社团法人不能成为公司股东，可以理解。但工会是具有法人主体资格的，被证监会禁止成为上市公司股东，值得商榷。虽然《工会法》第六条规定："维护职工合法权益是工会的基本职责"，使得工会具有公益性特点，但我国并没有哪部法律明确禁止带有公益性特点的社团法人成为公司股东，证监会单独禁止工会成为上市公司股东，与法律精神不符。

从民商事法律行为的角度分析，工会持股的合法性其实是不存在问题的。但由于证监会这一特别规定，PE 投资机构在投资时，尤其是对于拟 IPO 企业，需要对工会持股问题特别进行处置。

2. 对职工持股会与工会持股的核查

对职工持股会与工会持股，重点核查以下问题：

（1）职工持股会与工会持股产生的背景、历史原因、持股数量、历史演变过程；

（2）持股的法律文件，职工持股会、工会的会议纪要和决议；

（3）职工出资的有关凭证；

（4）职工持股会或工会内部对职工股权处置的规定。

（二）股权代持

股权代持也是尽职调查中的一种常见现象，股权代持的原因多种多样，股东出于各种考虑不想出现在公司的股东登记名册及企业信息公示系统里。前述《公司法》和《证券法》对股东人数的限制也是股权代持的原因之一。

1. 股权代持的合法性分析

对于股权代持，实际上已经获得了我国《公司法》和《合同法》以及相关司法实践的认可，是合法有效的。《最高人民法院关于适用〈中华人民共和国公司法〉若干问题的规定（三）》(2010 年 12 月 6 日由最高人民法院审判委员会第 1504 次会议通过，现自 2011 年 2 月 16 日施行）第二十四条规定："有限责任公司的实际出资人与名义出资人订立合同，约定由实际出资人出资并享有投资权益，以名义出资人为名义股东，实际出资人与名义股东对该合同效力发生争议的，如无合同法第五十二条规定的情形，人民法院应当认定该合同有效。"而《合同法》五十二条关于合同无效的规定是："（一）一方以欺诈、胁迫的手段订立合同，损害国家利益；（二）恶意串通，损害国家、集体或者第三人利益；（三）以合法形式掩盖非法目的；（四）损害社会公共利益；（五）违反法律、行政法规的强制性规定。"对照而言，一般的股权代持是不存在上述五种情形的，因而是有效的。

据此，股权代持行为的合法性已被我国法律与司法实践认可。

2. 证监会对股权代持的审核要求

《首次公开发行股票并上市管理办法》第十三条规定："发行人的股权清晰，控股股东和受控股股东、实际控制人支配的股东持有的发行人股份不存在重大权属纠纷。"因此，从证监会的监管来看，股权代持行为使股权不公开、不稳定、不透明，权利义务关系不清晰，容易产生潜在纠纷。因此，从实践中把握的审核标准看，证监会通常不允许股权代持行为的存在。

四、关联交易与同业竞争

（一）关联方及关联交易认定

非上市公司关联方认定依据《公司法》与《企业会计准则第36号——关联方披露》。《公司法》第二百一十六条规定："关联关系，是指公司控股股东、实际控制人、董事、监事、高级管理人员与其直接或者间接控制的企业之间的关系，以及可能导致公司利益转移的其他关系。但是，国家控股的企业之间不应因为同受国家控股而具有关联关系。"《企业会计准则第36号——关联方披露》中对关联方的定义为："一方控制、共同控制另一方或对另一方施加重大影响，以及两方或两方以上同受一方控制、共同控制或重大影响的，构成关联方。"并列举了一些关联方，如母公司、子公司，主要投资者。会计上的重大影响一般是指持股比例20%以上，即对非上市公司而言，持股比例20%以上的股东即构成了关联方。上市公司由于股权分散，根据《上市公司信息披露管理办法》及沪深交易所的《股票上市规则》，持有上市公司5%以上股份的股东就会被认定为关联方。

根据《企业会计准则第36号——关联方披露》，关联交易是指关联方之间转移资源、劳务或义务的行为，而无论是否收取价款。关联方交易的类型通常包括下列各项："（一）购买或销售商品；（二）购买或销售商品以外的其他资产；（三）提供或接受劳务；（四）担保；（五）提供资金（贷款或股权投资）；（六）租赁；（七）代理；（八）研究与开发项目的转移；（九）许可协议；（十）代表企业或由企业代表另一方进行债务结算；（十一）关键管理人员薪酬。"《上市公司信息披露管理办法》及沪深交易所的《股票上市规则》也有类似的规定。从这些规定来看，关联交易与关联方的认定一般是联系在一起的，可以简单地理解为关联交易就是关联方之间的交易。

（二）同业竞争认定

《公司法》第一百四十八条规定："董事、高级管理人员不得有下列行为：（五）未经股东会或者股东大会同意，利用职务便利为自己或者他人谋取属于公司的商业机会，自营或者为他人经营与所任职公司同类的业务。"

《上市公司治理准则》第二十七条规定："上市公司业务应完全独立于控股股东。控股股东及其下属的其他单位不应从事与上市公司相同或相近的业务。控股股东应采取有效措施避免同业竞争。"

《上市公司证券发行管理办法》第十条规定：“上市公司募集资金的数额和使用应当符合下列规定：（四）投资项目实施后，不会与控股股东或实际控制人产生同业竞争或影响公司生产经营的独立性。”

参考上述规定并结合业内的通常定义，同业竞争是指公司所从事的业务与其控股股东、实际控制人及其所控制的企业所从事的业务相同或近似，双方构成或可能构成直接或间接的竞争关系。

（三）IPO 审核要求

同业竞争、关联交易及独立性问题，是历年企业 IPO 被否的主要原因，证监会原先对同业竞争是禁止的，对于关联交易的要求是价格公允。总体上的要求是：“发行人的业务独立。发行人的业务应当独立于控股股东、实际控制人及其控制的其他企业，与控股股东、实际控制人及其控制的其他企业间不得有同业竞争或者显失公平的关联交易。”

近年来，证监会对同业竞争和关联交易的要求有所放松。2016 年 1 月 1 日正式实施的《首次公开发行股票并上市管理办法》，取消了同业竞争和关联交易的红线。证监会在《首次公开发行股票并上市管理办法》的修订说明中是这样解释的：“为解决历史上国有企业部分改制上市带来的大股东通过关联交易和同业竞争损害上市公司利益问题，我会要求企业发行上市要做到‘三分开’‘五独立’，不允许存在较多关联交易和同业竞争问题的企业发行上市。经过多年以来的实践，独立性带来的问题和矛盾已经基本解决，不需要再作为发行上市的门槛，拟采用披露方式对同业竞争和关联交易问题进行监管。”

虽然证监会的要求有所放松，但是由于目前 IPO 的过会率较低，实践中通常还是从严把握，需要严格核查。对于关联交易的审查，一般通过标的公司的披露并结合企业信息公示系统来查询关联方，通过财务账册的往来明细核查并结合对相关人员访谈等工作发现并了解关联交易的基本情况，通过核查相关法律文件来判断关联交易的合法性和公允性；对于同业竞争的审查，主要是通过访谈及企业信息公示系统的查询来调查控股股东、实际控制人名下有无其他经营主体，及经营主体的经营范围和业务是否与目标企业相类似，从而判断是否构成同业竞争。

五、关联方资金占用问题

关联方资金占用与抽逃出资形式上相类似，区别在于抽逃出资发生在企业设立或增资时，而如果企业经营获得的资金被占用，则一般不认为是抽逃出资。实践中能占用资金的，大都是控股股东或实际控制人。

关联方资金占用一般通过关联交易进行，形式上多表现为借款、预付款、应收账款等。对于关联方（尤其是控股股东和实际控制人）的这些款项，应重点核查。

关联方资金占用较为普遍，但是占用金额较大或者较为频繁的公司，说明其运行不规范，小股东权益不受重视与保护。在此情况下，投资风险加大，PE 投资机构需要重视对关联方资金占用的核查。

（一）法律分析

控股股东、实际控制人等关联方占用企业资金的行为，可能合法，也可能违法甚至构成刑事犯罪。当资金的占用经过公司股东会非关联股东决议通过，完整地履行了公司内部审批程序，在公司财务账册上有效记载时，一般被认定为合法；而对于未经过有效的决策及审批程序且财务账册上没有记载的，则可能被认定为违法；如果是金额较大、时间较长的占用则可能构成挪用资金罪；如果关联方又没有归还的主观意愿和能力，则可能构成职务侵占罪。

当然，关联方随意占用资金的违法主要是对内的责任，即对其他股东的责任。对于外部交易而言，交易相对方并没有义务核查公司内部流程是否完整，因此占用资金进行的外部交易一般被认定为是有效的。

（二）IPO 的审查要求

IPO 的审查一般较法律规定更为严格，即使关联方资金占用经过公司股东会非关联股东决议通过，完整地履行了公司内部审批程序，在公司财务账册上有效记载，在法律上是合法的，仍然被证监会禁止。IPO 审查时，证监会要求发行人有严格的资金管理制度，资金不得被控股股东、实际控制人及其控制的其他企业以借款、预付款、应收款、代垫款项或其他方式占用。

因此，对于投资拟上市企业而言，应当关注关联方资金占用的问题。

（三）关联方资金占用核查

与出资不实的核查方法相似，对关联方资金占用的核查一般也从以下几个方面入手：

第一，公开信息的查询与股东、高管的访谈相结合，尽量详细地了解目标企业的关联方构成。

第二，分析公司的财务报表，注意应收账款、应付账款、预收账款、预付账款的明细，重点关注、核查与关联方的资金往来。

第三，核查公司有无关联交易及防止关联方占用资金的制度，以及与关联方资金往来时是否按照相关制度执行。重点核查与资金往来决策相关的程序及法律文件。有条件的，应以适当方式了解其他股东对资金占用的态度和意见。

六、税收情况

税收问题是财务尽职调查的主要内容，受限于专业知识，税收方面法律尽职调查通常配合财务尽职调查，对一些税务处理方法的合规性发表意见。因此，这里不作展开讨论，主要以实务当中遇到的一则案例为例，分析盈余公积金、未分配利润及资本公积金转增注册资本的所得税问题。

2017 年，南京某公司在申请新三板挂牌前做了股份制改造，由有限责任公司整体变更为股份有限公司，以有限责任公司经审计的净资产发起设立股份有限公司。有限责任公司注册资本1000万元，净资产2300万元，整体变更时将净资产2300万元折成1000万股，其余1300万元计入资本公积金。在股改过程中，该公司控股股东提出如果日后进入新三板创新层，则需要增加注册资本至2000万元，可否将1300万元资本公积金中的1000万元转增注册资本，转增是否需要纳税？

（一）盈余公积金、未分配利润转增注册资本

盈余公积金、未分配利润转增注册资本是要缴纳个人所得税的，这一点没有争议。《国家税务总局关于盈余公积金转增注册资本征收个人所得税的问题的批复》（国税函发〔1998〕第333号）中指出："依据《国家税务总局关于股份制企业转增股本和派发红股征免个人所得税的通知》（国税发〔1997〕198号）精神，对属于个人股东分得并再投入公司（转增注册资本）的部分应按照'利息、股息、红利所得'项目征收个人所得税，税款由股份有限公司在有关部门批准增资、公司股东会决议通过后代扣代缴。"

（二）资本公积金转增注册资本

有限责任公司整体变更成股份有限公司的过程中，如果公司的注册资本没有发生变化，不涉及未分配利润及盈余公积转增注册资本问题，自然人股东未取得"利息、股息、红利所得"，因此未产生缴纳个人所得税的义务。

但是盈余公积金与未分配利润已经转为资本公积金，这部分资本公积金转为注册资本的时候是否需要缴纳个人所得税，则需要区别对待。

1997 年 12 月 15 日，国家税务总局颁布的《关于股份制企业转增股本和派发红股征免个人所得税的通知》（国税发〔1997〕198 号）中规定：“股份制企业用资本公积金转增股本不属于股息、红利性质的分配，对个人取得的转增股本数额，不作为个人所得，不征收个人所得税。”

1998 年 5 月 15 日，国家税务总局颁布的《关于原城市信用社在转制为城市合作银行过程中个人股增值所得应纳个人所得税的批复》（国税函〔1998〕第 289 号）中对不征收个人所得税的资本公积金的范围进行了界定，该批复规定：“国税发〔1997〕198 号文中所说的‘资本公积金’是指股份制企业股票溢价发行收入所形成的资本公积金。将此转增股本由个人取得的数额，不作为应税所得征收个人所得税。而与此不相符合的其他资本公积金转增股本部分，应当依法征收个人所得税。”

2010 年 5 月 31 日，国家税务总局颁布的《关于进一步加强高收入者个人所得税征收管理的通知》（国税发〔2010〕54 号）中规定：“加强企业转增注册资本和股本管理，对以未分配利润、盈余公积和除股票溢价发行外的其他资本公积转增注册资本和股本的，要按照‘利息、股息、红利所得’项目，依据现行政策规定计征个人所得税。”

因此，如果该公司的资本公积金转增注册资本的话，其中未分配利润和盈余公积金转入部分需要缴纳个人所得税。

总体而言，法律尽职调查可以让 PE 投资机构获得更多关于标的企业的信息，解决信息不对称问题，确保投资决策理性化。法律尽职调查侧重于法律相关方面，主要考虑企业的合规问题。但是法律尽职调查不可避免地涉及财务问题，因此是一项需要兼具财务和法律专业知识才能顺利完成的综合性工作。

思考问题：

1. 基金管理人尽职调查的“4C”分别是指什么？
2. 财务尽职调查中如何快速获取数据和高效分析信息？
3. 项目财务尽职调查如何分解剖析、聚焦剖析？
4. 法律尽职调查的主要内容有哪些？
5. 法律尽职调查完成后可以从哪些方面对企业进行分析？

第四章 PE投资协议要点

冯斌[①]

① 冯斌,专业领域:投资并购、公司法务、品牌战略。

说到股权投资合同，投资机构为何要身披盔甲、十八般武艺全部使用呢？这就像是个人按揭买房，首付了30%，房产还抵押给银行，银行除了到中国人民银行的征信系统调取你的个人信用报告，还需要你提交多少证明你还款能力的材料呢？可以说，直到签字到头昏，才算真正完成了贷款申请材料。私募股权投资是以溢价数倍甚至数十倍的条件把真金白银砸给素不相识的企业，没有任何抵押担保，就是合同复杂、保护条款多一些，总不算过分吧！

就投资协议而言，我们认为最多只有20%的条款受到强制性法律规定的影响，其余部分就靠投资经理和律师进行商事交易的设计，投资方和被投资方就此进行多轮博弈。最后的交易文本取决于宏观的市场行情、专业能力和谈判博弈。

优秀的投资人一定要用好十件“神器”，这十件“神器”就是投资协议中要包含的“十大条款”，分别为：业绩对赌条款、约定回购条款、一票否决条款、反稀释条款、优先清算权条款、优先购买权条款、共同出售权条款、强卖权条款、陈述与保证条款和交割先决条件条款。这“十大条款”可分为核心利益型、投后保护型、投前保护型三大类（见表4.1）。我们把这三大类条规也称为“三板斧”“五把刀”和“两盔甲”，用好了这些“神器”，你的私募股权投资就一定能无往不利。

表 4.1　私募股权投资协议“十大”条款

条款类型	条款名称
“三板斧”——核心利益型条款	业绩对赌条款
	约定回购条款
	一票否决条款
“五把刀”——投后保护型条款	反稀释条款
	优先清算权条款
	优先购买权条款
	共同出售权条款
	强卖权条款
“两盔甲”——投前保护型条款	陈述与保证条款
	交割先决条件条款

第一节　核心利益型条款

一、业绩对赌条款

业绩对赌条款是以被投资企业未来的经营业绩为对赌的标的，以企业家和私募股权投资者之间相互转让一部分股权或退回一部分投资款作为赌注，以激励企业实际控制方努力经营并且达到调整企业估值目标的条款。

以下为业绩对赌条款的参考模板：

“鉴于本次交易是以20XX年度净利润CC万元及包含投资人投资金额完全摊薄后A倍市盈率为作价依据，且公司和原股东承诺公司20XY年度税前利润（或净利润）不低于BB万元。如果标的公司20XY年度经审计的净利润低于BB元，则视为未完成经营目标，应以20XY年度经审计的实际净利润为基础，按照A倍市盈率重新调整本次交易的投资估值。

“原股东承诺对本协议上述约定的对投资方的现金或者股权补偿义务承担连带清偿责任。如果受到法律的限制或者其他任何原因，标的公司未能或者无法履行上述义务，原股东有义务向投资方退还上述应退还的投资款。”

俗话说得好：“买的不如卖的精。”对赌是投资人敢于砸钱的确保机制。投资人与企业及其股东之间天然存在着信息不对称的问题。无论投资人如何尽职调查，都无法作出准确无误的判断。

“海富投资诉甘肃世恒”（以下简称“海富投资案”）的案例就非常典型，对赌约定的3000万元利润竟然只实现了3万元，难怪投资人会拍案而起！

“海富投资案”之所以受到广泛关注，正是因为该案是国内首例对赌协议诉讼，最高人民法院的判决结果对于对赌协议是否合法有效具有示范效应。

2007年，海富投资以现金出资2000万元投资甘肃世恒，占甘肃世恒增资后注册资本的3.85%，并签署对赌协议约定：如果2008年，甘肃世恒净利润低于3000万元人民币，海富投资有权要求甘肃世恒予以补偿，如果甘肃世恒未履行补偿，则海富投资有权要求香港迪亚（甘肃世恒的母公司）履行补偿义务。

甘肃世恒2008年的净利润不足3万元。根据对赌协议，甘肃世恒需补偿海富投资1998万元，但甘肃世恒拒不履行协议。海富投资遂提起诉讼。兰州市中级人民法院的一审判决和甘肃省高级人民法院的二审判决皆认为对赌协议无效，但判决依据不同。最终上诉至最高人民法院。

最高人民法院判决认为，甘肃世恒对海富投资作出补偿的条款损害了甘肃世恒的利益和债权人利益，应属无效，但担保条款（迪亚公司对于海富投资的补偿承诺）并不损害甘肃世恒及公司债权人的利益，不违反法律法规的禁止性规定，合法有效。

最高人民法院的判决显示，PE 与被投资企业之间的对赌协议无效，而 PE 与被投资企业原有股东之间的对赌协议合法有效。

继海富投资案后，最高人民法院在 2014 年 9 月“蓝泽桥、宜都天峡特种渔业有限公司、湖北天峡鲟业有限公司与苏州周原九鼎投资中心（有限合伙）的其他合同纠纷”案（以下简称“九鼎投资案”）判决中，再次肯定了《投资协议》中被投资公司股东回购投资股东股权条款的效力，理由主要为：首先，《投资协议书》为典型的商事合同，为各方当事人的真实意思表示，关于被投资方股东应当回购股份的承诺清晰而明确，系当事人特别设立的保护投资人利益的条款，属于缔约过程中当事人对投资合作商业风险的安排；其次，协议约定在一定条件下被投资方股东回购股份的内容不违反国家法律、行政法规的禁止性规定，不存在《合同法》第五十二条所规定的有关合同无效的情形，此条款系各方当事人专为此次交易自愿达成的一致约定，并非单方预先拟定或者反复使用，不属于我国合同法所规定的格式合同或格式条款，亦不存在显失公平的问题。

二、约定回购条款

约定回购条款适用于被投资企业发生以下情形，如在约定的期限内没有上市，或者经营出现重大问题，则被投资企业或企业原始股东有义务按事先约定的价格回购私募股权投资者所持有的全部或者被投资企业的股权，从而实现私募股权投资者退出被投资企业的目的。股东之间在投资之时即约定好股权回购的时间、条件、价格或者价格计算公式，我们称之为股权的“约定回购”。

大部分股权融资，投资人都会提出这种“约定回购”的要求，希望以此锁定投资风险，形成对赌协议。在这种情况下，再对企业进行资产评估已经意义不大，双方产权交割时的价格其实早已约定，与企业的实际价值没有较大关联。

以下为约定回购条款的参考模板：

“当出现以下情况时，投资方有权要求标的公司或原股东回购投资方所持有的全部公司股份：

“不论任何主观或者客观原因，标的公司不能在××××年××月××日前实现首次公开发行股票并上市，原因包括但不限于标的公司经营业绩方面不具备上市条件，或由于公司历史沿革方面的不规范未能实现上市目标，或由于参与公司经营的原股东存在重大过错、经营失误等原因造成公司无法上市等。”

北京市第二中级人民法院关于北京碧海舟腐蚀防护工业股份有限公司等与天津雷石信锐股权投资合伙企业（有限合伙）股权转让纠纷二审民事判决书［〔2015〕二中民（商）终字第12699号］摘要如下：

“本院认为：二、关于《补充协议》《协议书》中约定回购雷石企业持有的碧海舟公司股份条款的效力问题。根据查明的事实，《补充协议》约定碧海舟公司未能在指定期限内完成合格IPO，则碧海舟公司、邸建军、李依璇应当按照约定的回购价格回购投资方持有的碧海舟公司股份。《协议书》约定碧海舟公司未能在指定期限内完成其首次公开发行并上市，则邸建军、李依璇应当按照约定的回购价格回购雷石企业持有的碧海舟公司股份，碧海舟公司对邸建军、李依璇的回购义务向雷石企业承担连带担保责任。对此，本院认为，《中华人民共和国公司法》第一百三十七条规定了股份有限公司股东持有的股份可以依法转让，《补充协议》《协议书》中关于邸建军、李依璇回购雷石企业持有的碧海舟公司股份的约定，符合《中华人民共和国公司法》的规定，并未损害公司、其他股东以及公司债权人的利益，应属合法有效。《补充协议》中关于碧海舟公司回购雷石企业持有的碧海舟公司股份的约定，《协议书》中关于碧海舟公司为邸建军、李依璇的回购义务向雷石企业承担连带担保责任的约定，均会使得雷石企业的投资可以取得相对固定的收益，该收益脱离了碧海舟公司的经营业绩，损害了公司利益和公司债权人利益，应属无效。根据《中华人民共和国合同法》第五十六条的规定，合同部分无效，不影响其他部分效力的，其他部分仍然有效。本案中，《补充协议》及《协议书》约定碧海舟公司义务条款的效力不影响约定邸建军、李依璇回购义务条款的效力。”

这里不得不说的是，如果是国有企业作为PE投资主体，标的企业股东是否可以协议回购国有的股权呢？答案是：一般情况下不能。国有股权转让应遵守评估、挂牌等公开程序，未经公开程序的股权转让协议因可能导致国有资产流失而无效。

针对创投行业的特点，某直辖市国资监管部门出台了相应的更利于交易的规范性文件，使得该种交易设置成为可能。《XX市国有创业投资企业股权转让管理暂行办法》中，对于国有创投企业投资协议中对转让事项事前约定相关内容作出了明确规定。其中，第十四条明确规定："国有创业投资企业转让股权时，投资协议中对转让事项事前约定并按规定履行备案的，可按事前约定依法决策。"该规定明确了"事前约定"的合法性和可操作性。

《暂行办法》第十九条规定："国有创业投资企业转让股权，符合本办法事前约定有关规定实施转让的，交易和收费按照审批协议转让程序办理。"联交所应当对下列材料进行审查：

（1）市发展改革委出具的《备案通知》和有效期内的《年检通过通知》；

（2）投资协议；

（3）国有创业投资企业对转让股权的有关决议文件；

（4）出资监管企业或区（县）国资委出具的备案表；

（5）估值报告（本办法有特殊规定的除外）；

（6）其他材料。

上述规定中，值得关注的是"审查材料1"中的《备案通知》和材料4中的《备案表》。《备案通知》由市发展改革委根据《创业投资企业管理暂行办法》出具，是交易主体是否属于"创投企业"的认定备案。《暂行办法》第六条规定："根据《创业投资企业管理暂行办法》规定，市发展改革委会同有关部门对本市国有创业投资企业进行备案和年度检查，并将《备案通过通知》和《年检通过通知》抄送市国有资产监督管理委员会（以下简称“市国资委”）和联合产权交易所（以下简称“联交所”）。”可见，适用主体须为依法履行备案手续并通过年度检查的国有创投企业。

三、一票否决条款

为保护作为小股东的私募股权投资者的利益，增强小股东的话语权，防止大股东滥用股东权利。私募股权投资者往往在投资协议中规定在特定事项中投资方有一票否决的权利。

下面我们看《公司法》有限公司的强制性法律规定是否兼容这样的条款。

（一）有限公司股东会

《公司法》第四十二条规定：“股东会会议由股东按照出资比例行使表决权；但是，公司章程另有规定的除外。”第四十三条规定：“股东会的议事方式和表决程序，除本法有规定的外，由公司章程规定。股东会会议作出修改公司章程、增加或者减少注册资本的决议，以及公司合并、分立、解散或者变更公司形式的决议，必须经代表三分之二以上表决权的股东通过。”除第四十三条中规定的特别决议权外，第四十二条的但书条款即表明有限责任公司章程可以规定股东可以不按出资比例行使表决权，也即表明有限责任公司章程可以规定股东会表决时的一票否决权。

（二）有限公司董事会

《公司法》第四十八条规定：“董事会的议事方式和表决程

序，除本法有规定的外，由公司章程规定。董事会应当将所议事项的决定做成会议记录，出席会议的董事应当在会议记录上签。董事会决议的表决，实行一人一票。”《公司法》除对董事会会议记录和董事会决议表决票数分配的规定外，其他留给公司股东的就董事会的议事方式和表决程序通过公司章程加以约定。因此，股东完全可以在章程规定上对董事会决议享有一票否决权。

以下为一票否决权条款的示例：

“董事会决议事项，则必须经标的公司董事会至少一名投资方董事的投票确认方可形成决议；如系股东会决议事项，则需经出席股东会议的股东或股东代表所持表决权三分之二以上，并且同时需要甲方的股东代表同意，方可形成决议。上述董事会和股东会包括但不限于：

公司合并、分立、被收购、解散、清算或者变更公司形式；公司业务范围、本质和/或业务活动的重大改变；并购和处置（包括购买及处置）超过50万元的主要资产；商标、专利、专有技术等知识产权的购买、出售、租赁及其他处置；公司向银行单笔贷款超过500万元或者累计超过2000万的额外债务等。”

签订了带有一票否决权条款的协议，作为企业家的大股东随后会发现自己的决策权严重受限，将处在被小股东“绑架”的尴尬境地中。大股东依然可以通过合理安排股权协议来获得更多的灵活性，如若公司业务达到一定的目标，公司有权收回小股东对于部分事项的否决权，并基于此作出章程修改。

第二节　投后保护型条款

一、反稀释条款

其本质是如果被投资企业在本次融资后再次融资，那原先的投资者必须获得与新投资者同样的购股价格。实践中，反稀释条款有两种形式：棘轮条款和加权平均反稀释条款，这两种形式的最大区别是前者不考虑新发行股份的数量，而只关注发行价格，而后者将数量和价格一并予以考虑。

以下为反稀释条款的参考模板：

“各方同意，本协议签署后，标的公司以任何方式引进新投资者的，应确保新投资者的投资价格不得低于本协议投资方的投资价格。

“如新投资者根据某种协议或者安排导致其最终投资价格或者成本低于本协议投资方的投资价格或者成本，则标的公司应将其间的差价返还投资方，或由原股东无偿转让所持标的公司的部分股份给投资方，直至本协议投资方的投资价格与新投资者投资的价格相同。投资方有权以书面通知的形式要求标的公司或者原股东履行上述义务。”

各方同意，投资完成后，如标的公司给予任一股东（包括引进的新投资者）的权利优于本协议投资方享有的权利的，则本协议投资方将自动享有该等权利。

二、清算优先权条款

清算优先权是指 PE 在公司清算或结束业务时，有权优先于其他普通股东获得分配的权利。典型的清算优先权分为三种，即无参与权的优先股、有充分参与权的优先股和附上限的优先股参与权。

优先清算权三种情况的典型条款如下：

（1）“无参与权的优先股条款：首先支付给优先股股东原始投资金额［　］倍的金额，对超过投资人原始投资金额的［　］倍加上宣布但未发放的股息和剩余财产部分，再分配给其他股东。”

（2）“有充分参与权的优先股条款：首先支付给优先股股东原始投资金额［　］倍的金额，对超过投资人原始投资金额的［　］倍加上宣布但尚未发放的股息的剩余财产部分，由所有股东按照股权比例共同进行分配。”

（3）“附上限的优先股参与权条款：首先支付给优先股股东原始投资金额［　］倍的金额，对超过投资人原始投资金额的［　］倍加宣布但尚未发放的股息的剩余财产部分，所有股东按照股权比例共同分配，但投资人所获得的总的剩余财产分配金额达到原始投资金额［ ］倍以外的剩余财产，由其他股东进行分配，投资人无权再参与分配。”

《公司法》第一百八十六条规定了公司的财产清算分配原则，即“公司财产在分别支付清算费用、职工的工资、社会保险费用和法定补偿金，缴纳所欠税款，清偿公司债务后的剩余财产，有限责任公司按照股东的出资比例分配，股份有限公司按照股东持有的股份比例分配”。《公司法》不认可的舶来品清算优先权条款，是否可以通过其他方式实现相同目的呢？

办法A：其他股东回购。

双方事先约定，在特定的条件下，普通股股东以约定的价格和支付方式回购优先股股东所持有的公司股份，在清算之前提前退出。

办法B：其他股东补偿。

双方事先约定，若由于中国法律或其他原因导致投资人的清算优先权无法实施或实现时，投资人有权要求大股东（以其取得的全部清算分配为限）对投资人进行补偿。

没有优先清算条款对投资机构而言有很大的风险，原因在于国内的股权投资溢价倍数太高！有的项目投资机构可能砸了5000万元才占1%，如果有些老股东是低价入股的，有些通过无形资产入股，等等，结果一清算，投资机构只拿到零头。没有优先清算权，高溢价项目清算损失会非常大。

三、优先购买权条款

当被投资企业原始股东对外转让股权时，私募股权投资者有在相同条件下优先购买原始股东对外转让的股权的权利。

以下为优先购买权条款的参考模版：

“原股东经投资方书面同意向公司股东以外的第三方转让其股份时，投资方有权按第三方给出的相同条款和条件购买原股东拟出售的股份。”

《公司法》第七十一条规定：“有限责任公司的股东之间可以相互转让其全部或者部分股权。股东向股东以外的人转让股权，应当经其他股东过半数同意。股东应就其股权转让事项书面通知其他股东征求同意，其他股东自接到书面通知之日起满三十日未答复的，视为同意转让。其他股东半数以上不同意转让的，不同意的股东应当购买该转让的股权；不购买的，视为同意转让。

“经股东同意转让的股权，在同等条件下，其他股东有优先购买权。两个以上股东主张行使优先购买权的，协商确定各自的购买比例；协商不成的，按照转让时各自的出资比例行使优先购买权。公司章程对股权转让另有规定的，从其规定。”

根据《公司法》的规定，股权转让具有一定的强制性顺序：①股东之间转让不用经其他股东同意；②向股东以外的人转让时必须经其他股东同意，其他股东同等条件下有优先购买权；③公司章程另有规定的按规定，不受以上条件约束。

《公司法》赋予了公司章程很大的自主权。投资机构可以利用公司章程设定对自己有利的优先购买权的条款，以期最大限度地保护自己的投资权益。

四、共同出售权条款

如果企业原始股东想要出售股份，作为小股东的私募股权投资者有权与这些股东一起出售。

以下为共同出售条款的参考模板：

"原股东经投资方书面同意向公司股东以外的第三方转让其股份时，投资方有权按第三方给出的相同条款和条件，根据原股东及投资方当时的持股比例共同出售股份。投资方选择按相同条款和条件与原股东按持股比例共同出售股份给同一受让方的，原股东应保证收购方优先购买投资方的股份。"

《公司法》第七十二条规定，在有限责任公司股东转让股权时，其他公司股东享有优先转让权，但是公司章程对股权转让另有规定的，从其规定。因而若被投资的是有限责任公司，投资人可以要求在章程中约定投资人有两个选择：可以行使优先转让权，购买拟转让股权；或直接行使共同出售权。如目标公司原股东占有股份80%，投资人占有股份20%，现原股东欲出售股份25%，那么投资人有权购买该股份，或者投资人有权要求原股东促成投资人将5%（25%×20%＝5%）的公司股权按照同等条件和价格转让给第三方。

当然，原股东可以设定各种不触发行使共同出售权的条件，从而更好地调整其企业股权结构。第一，原股东可以在协议中特别约定投资人不得行使共同出售权的附加条件。如原股东在投资交割完成后的 12 个月内出售公司 10% 以内的股份，且保持其股份在 60% 以上，不影响其管理公司为限的，则不触发共同出售条款，投资人不得行使该权利。第二，投资人会要求原股东承担通知股权转让事宜的义务，与之相对应，原股东可以约定在通知送达投资人之后的若干时间内，投资人没有明确表示的，则视为放弃共同出售权。第三，由于不可抗力、法院判决、继承等原因需要原股东向第三人转让相应股份的，投资人无权要求行使共同出售权。第四，在某些特定情形下，还可以做一个反向安排，即约定投资人若向第三人转让股权的，原股东可以按照同样的条件行使共同出售权。

五、强卖权条款

如果被投资企业发生如未能在约定的期限内上市等情形，那么私募股权投资者有权强制性要求公司的原有股东（主要是创始人股东和管理层股东）与自己一起向第三方转让股份，原有股东应按照私募股权投资者与第三方达成的转让价格和交易条件出售股份。

第三节 投前保护型条款

一、陈述与保证条款

该条款的目的，是在合同中由一方对那些其掌握的、对方无法掌握的或很难掌握的相关信息作出陈述，同时向对方担保陈述属实。被投资企业、企业原始股东以及私募股权投资者对于事实情况的陈述和对于特定事项的保证，是今后承担法律责任的依据和基础。

以下为陈述与保证条款的参考模板：

原股东和标的公司在此特别向投资方声明、保证和承诺如下：

1. 信息批露

基于本次交易之目的，向投资方提供的全部书面文件资料和通过口头、电子等其他非书面方式提供的信息均是真实、准确、完整和有效的，没有重大遗漏或误导性陈述，其所提供的书面文件的复印件均与原件一致、副本均与正本一致。鉴于该等信息是投资方对标的公司进行投资决策所依赖的重要材料，如果出现任何虚假、隐瞒和不实，将承担一切赔偿责任。

2. 合法设立、有效存续并依法运作

标的公司有效存续，并通过历年工商年检手续，不存在任何可能导致其终止、停业、解散、清算、合并、分立或丧失法人资格的情形或法律程序。标的公司不存在违反其章程条款以及营业执照规定的情形。原股东承诺，标的公司将进一步依法建立健全法人治理结构，完善和规范公司股东大会、董事会、监事会的运作等。

3. 在本协议签署之日，原股东分别及共同向增资方作出如下声明和保证，并保证以下条款的效力持续到交割日

（1）其已按照公司现行章程的规定依法缴足其目前在公司中认缴的注册资本，不存在出资不足、抽逃出资的情况；

（2）其是公司合法有效的股东，所持的公司股权合法有效，未进行过任何增资方未知的股权出质，股权的行使、表决、转让、获得收益等各项权利未受到任何限制，股权不涉及任何争议与权利主张；

（3）其有权签署和履行本协议并完成本协议所述之交易；

（4）其不存在占有、使用公司资产的情况，也不存在损害公司利益的关联交易；

（5）其签署及履行本协议与其已签署的其他法律文件不存在任何矛盾和抵触。

二、交割先决条件条款

《合同法》第四十五条规定："当事人对合同的效力可以约定附条件。附生效条件的合同，自条件成就时生效。附解除条件的合同，自条件成就时失效。当事人为自己的利益不正当地阻止条件成就的，视为条件已成就；不正当地促成条件成就的，视为条件不成就。"当事人可以在股权投资协议中附条件。所以，交割先决条件条款的参考模板如下：

本协议各方同意并确认，本次增资交割受限于以下先决条件全部获得满足，增资方有权在交割时豁免部分先决条件的满足：

（1）所有为了本次增资目的而必需的公司内部决议已经获得合法有效通过，且原股东在公司的股东会决议中同意放弃本次增资的优先认缴权；

（2）所有审批机关关于本次增资的必要批准均已合法有效获得，且该批准未对本协议或者公司章程中涉及此等文件所包含的各方权利义务关系的条款作出重大修改；

（3）投资方已完成针对公司的业务、法律和财务尽职调查，且原股东与公司向投资方提供的包括知识产权在内的公司相关信息、文件和资料之内容不存在虚假、不完整或不准确的情况；

（4）截至交割日，公司和原股东在本协议项下的陈述与保证均在实质方面保持真实、准确和完整；

（5）截至交割日，公司的法律地位、业务经营及财务状况均未发生重大不利变化；

（6）截至交割日，不存在任何诉讼、仲裁、行政程序，若该等诉讼、仲裁、行政程序作出不利于公司和/或原股东的裁定，并且该等裁定将：（a）对其履行本协议或相关法律文件项下义务构成重大不利影响；或（b）对本协议项下的增资产生实质性的不利影响。

思考问题：

1. “三板斧”“五把刀”“两盔甲”是私募股权的投资神器，分别代表核心利益型、投后保护型及投前保护型条款，它们具体包括哪些条款？

2. 反稀释条款的两种形式，即棘轮条款和加权平均反稀释条款的最大区别是什么？

3. 清算优先权条款有哪些类型？分别有什么特点？

4. 何种对赌协议具有法律效力？

5. 鉴于国有股权的转让程序，国有企业在投资标的企业时，为了实现顺利退出，应当在回购条款中如何约定回购的权利、义务及程序？

第五章 PE投后管理基本流程

夏晨[①] 何鹏[②]

① 夏晨，专业领域：私募股权投资、基金管理。
② 何鹏，专业领域：私募股权投资、基金管理。

第一节　投后管理的内涵

投后管理，是项目投资周期中重要的组成部分，也是私募股权基金“募、投、管、退”四大主要业务环节之一。由于标的企业面临的经营环境在不断变化，其经营发展会受到各种因素的影响，从而增加了投资项目运营的不确定性和风险（如市场风险、政策风险、技术风险、管理风险、法律诉讼风险等），投后管理就是对已完成投资的项目，由投资团队或投后管理部门从股权交割完毕之日起至投资全部退出之日止，为管理和降低项目投资风险而进行的一系列活动①。

投后管理关系到投资项目的发展与退出方案的实现，良好的投后管理将会从主动层面减少或消除潜在的投资风险，实现投资的保值增值，因此，投后管理对于投资工作具有十分重要的意义。

---

① 宋鹏凯．风险投资中投后管理的研究分析[D]．北京：对外经济贸易大学，2016.

在中国市场上，对于股权投资基金而言，一般不会实际参与被投资企业的经营管理，且多数投资机构将工作重点放在了投资业务扩张上，期望做大投资规模，重视前期营销，对已投放资金的安全管理缺乏应有的重视。据调查，近五年形成的不良贷款中，高达70%的原因被归咎于投后管理不到位，并且由于基金公司投资项目分散导致的投后管理专业人才紧缺问题，如今不少中国企业家表示既担心基金管理人无法专注为其提供服务，又不信任基金管理人的深度介入，因此，投后管理在国内未得到足够的重视和发展①。

投后管理的主要内容包括投资机构对被投企业实施风险监控、提供的增值服务等管理活动。其中，风险监控是指对被投企业在运营发展中存在的潜在或已暴露的风险进行持续监控和分析，及时发送预警并积极采取应对措施的管理过程；提供增值服务是指为被投企业提供战略规划支持、人力资源支持、产业及供应链整合支持、后续融资支持、资本市场持续融资筹划，根据经营情况完善和持续优化治理结构等方面的服务，使企业持续发展，从而实现投资收益最大化（见图5.1）。

① 何杨．投后管理发展现状与趋势[EB/OL]．微信公众号：COAMC_APD东方投后实践与研究．

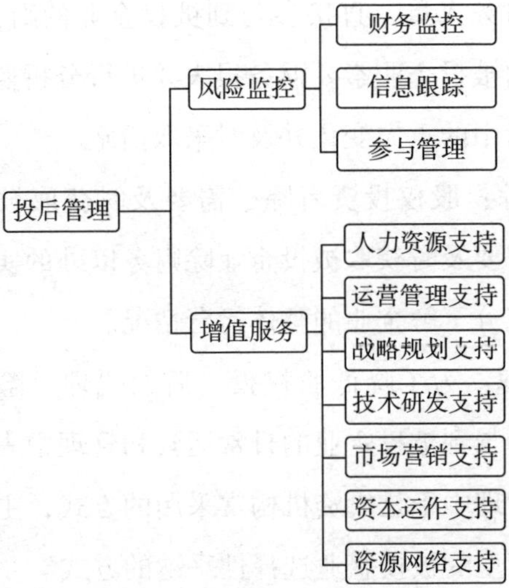

图 5.1 投后管理主要服务内容概览①

一、投后的风险监控

投后的风险监控主要是按照投资协议约定的信息权及知情权，跟进被投企业的“三会”治理、经营业绩、重大风险等环节，并制定应对措施，定期总结制定基金回报收益报告、被投企业分析报告等资料。对项目公司的业务、财务、公司治理等各方面进行流程化的跟踪监控，促使项目按照双方预期目标实现规范化、快速化发展的管理过程。

投后的风险监控各项工作具体内容如下：

（1）财务监控：股权投资者对被投企业的风险监控的一个重要途径是在投资后对被投企业的财务状况进行监控，可以通过

① 欧英．私募股权投资投后管理研究[D]．北京：对外经济贸易大学，2015.

向被投企业派驻财务人员，直接参与到被投企业的财务工作中，或者派专人定期向被投企业索要财务报表并进行分析监控，以便及时发现生产经营中的重大变化并及时采取措施。

（2）信息跟踪：股权投资者除了需要及时获取被投企业的财务信息外，还需要及时获取被投企业除财务以外的实际经营状况相关信息，以充分了解企业的整体运营情况。

（3）参与管理：为了降低股权投资后的代理风险，有些股权投资者会直接参与到被投企业的日常运营和管理中去。直接参与到企业的日常管理中不是投资机构常采用的方式，主要是针对特殊案例或者初创型的被投企业选择性采纳的方式。

首先，投资机构要对投资企业生产经营活动的重要环节进行全过程监控，以了解企业的真实状况及发展动向，并获取识别的信息。在被投企业的日常运作过程中，投资机构通过各种信息沟通渠道，定期或不定期地获取企业经营信息，并对其进行综合分析、评价，从而把握企业的经营动态。其实质就是根据被投企业经营信息的动态反馈，对其进行监控和管理的过程。一方面，有关企业的如产品技术、企业绩效、财务审计等信息由投资机构的投资代表提供；另一方面，有关行业状况、宏观经济环境等辅助信息则由风险投资自身建立的信息网络提供。

其次，可以组建风险监控小组，每个项目监控小组可根据自己的实际需要选取合适的人员，负责管理 2 至 4 家风险企业。每个项目监控小组由投资机构统一管理，赋予其相应的权利和义务，定期制订工作计划并及时将被投企业的信息反馈给投资经理。

最后，在风险监控模式方面。项目监控小组应适时监控被投企业的经营运作。任何一种风险都是经过从生成和演化，到临近和显现，再到作用和破坏这样一个渐进的过程，对于不同性质和处在不同阶段的风险要采用不同的控制方法。因此，在完整的预警机制中，对风险信号的动态监测也表现为一种持续性的过程活动，即是一种在一定时间内对特定目标或范围进行的连续性采集和监测行为。同样，对这些风险变量进行定期监测，才能保证风险监控管理模式运行的有效和及时。根据投资机构的风险要求，这种风险信号的监测包括常规监测、特殊监测、随机监测等。

加强风险投资的风险监控研究，尤其是风险投资后的管理监控研究，将直接关系到投资主体的生存和发展。而一旦确定了投资项目及风险企业，投资后监控的重点就在于管理风险、道德风险、技术风险、市场风险、环境风险、财务风险。以下就这 6 个风险因素进行分析。其中的管理风险、道德风险可以通过相应的制度来监督控制；技术风险、市场风险则需要经过专业论证研究①。

第一，管理风险。管理风险是指因被投企业管理层人员管理不善而导致投资失败带来的风险，即企业管理层缺乏创新意识、管理思想不当、企业组织结构不合理及突发状况决策失误等带来的风险。这方面的不确定性最多，风险也最大。故被投企业因管

① 吕洪燕．风险投资后监控管理研究[D]．哈尔滨：哈尔滨工业大学，2007.

理不善而导致的投资风险，是风险投资存在风险的核心问题之一，其中最主要的是决策风险，其次是意识风险和组织人事风险。

第二，道德风险。道德风险是在“委托—代理”机制下，代理人为谋求自身利益或由于自身能力的制约，给投资机构带来的不确定性。它的产生有两个前提条件：第一，财产的所有权和其实际的经营权发生分离；第二，委托人和代理人之间的目标发生偏离。在这双重前提下，代理人可能会由于偷懒、不负责任等原因做出有利于自己而损害委托人的事情，或是不能使得委托人的财富最大化。在风险投资中，由于被投企业高度的不确定性，其代理问题更为严重。如何控制投资风险、有效地激励与控制代理人、建立合理的治理结构，是风险投资成功运作的关键。

第三，技术风险。技术风险是指在风险投资过程中，被投企业由于技术因素而导致产品创新失败的可能性。在早期阶段的风险投资中该风险极大，但是一旦创新成功，收益率也极其可观。它主要包括开发风险、转化应用风险、技术寿命风险。

第四，市场风险。市场风险是指被投企业在从事经济活动的过程中由于市场本身而面临的盈利或者亏损的可能。首先是价格因素，高科技产品的研究成本往往比较高。其次对于新产品的出现，市场也有一个观察和了解、接纳的过程，而其时间是不可确定的。最后对社会需求以及市场竞争力的判断也直接影响到企业的生产与决策，一旦判断错误，可能会直接影响到产品在市场上的销售和占有率。

市场风险是导致被投企业投入大量成本新研发的技术、新开发的产品商业化失败的核心风险之一。主要体现在三个方面：新开发产品的市场容量、市场接受的时间、市场的接受程度。

第五，环境风险。环境风险是指风险投资项目系统以外的环境因素及其变化的不确定性而导致项目失败的可能性。另外，社会安定程度、改革连续性、法律完善性、基础设施完善程度及地区资源条件均会影响项目的成败。项目所在地区的地方政治经济发展程度、金融机构设置、信息中介机构的健全作为微观经济环境，同样会对项目施加影响。环境中的风险因素在很大程度上是不可控的，尤其是宏观环境因素导致的风险更是难以预测和控制的。

第六，财务风险。财务风险是指在企业的各项财务活动中，由于内外部环境及各种难以预计或无法控制的因素影响，在一定时期内企业的实际财务收益与预期财务收益发生偏离，从而蒙受损失的可能性。它是从企业理财活动的全过程和财务的整体观念透视财务本质来界定财务风险的。

我国的风险投资后监控管理还处于起步阶段，在实践过程中存在着诸多问题，目前普遍存在的问题有：第一，缺乏有效的监控模式，监控乏力；第二，缺乏对风险企业的增值服务；第三，产权代表管理机制不健全。

二、投后的增值服务

投后管理的体系主要包括企业管理、资本运作、资源协调、增值服务、内部监控、日常支持等几个大的板块，不同的基金具体会有所调整。

企业管理：帮助企业建立合规的现代企业结构，根据投资协议的约定，派驻董事会董事、提名独立董事、派驻监事会监事、派驻财务总监、推荐 CEO 等，通过人员派驻及权利行使引导公司的运营符合规范和内控。

资本运作：非上市公司一般在资本运作方面并不擅长，投资机构可以协助企业进行融资计划制订、财务结构优化、并购标的寻找和洽谈、IPO 或新三板筹备等。企业上市后，则协助被投企业进行市值管理。

资源整合：对于被投企业来说，投资机构的行业资源、社会资源、被投企业资源池都是非常有价值和势能的潜在合作伙伴。投资机构对被投企业的优劣势、战略规划、发展瓶颈、中长期的重点项目等信息比较了解，这就为基金作为资源协同整合平台奠定了基础，从而实现高效地促成已投企业之间、企业和投资机构外部资源之间的各层级沟通渠道的建立与合作，或实现一对多的规模效应。

三、投后回访制度

私募股权基金都有自己的专业团队。在私募股权基金对目标企业进行投资之后，就会派自己的专业团队作为股东加入企业中，参与企业的内部管理，提出适合企业发展的发展战略，给予企业技术指导，帮助企业优化内部管理结构。

为了解决信息不对称的问题，及时、稳定的沟通是关键：

（1）每个短时间间隔内与被投资企业联系一次，即与企业保持良好的沟通态势；

（2）略长时间间隔内，或者到企业所在地拜访其他投资目标时，对企业进行走访，即与企业保持定期面对面的交流；

（3）根据基金合伙协议约定的信息披露时点，每季度或者每半年了解被投企业的情况，并汇总提交项目投后管理报告；

（4）依照投资协议加入被投企业“三会”的，要及时对被投资企业的股东会、董事会、监事会会议预案提出意见并与其他成员交换意见，需要施加影响以保证投资机构利益的，可以积极加以引导；

（5）在了解到被投企业的较重大的信息和问题时，需要以较正式的方式提醒被投企业注意的，可以向被投资企业发送《管理建议书》，以引起企业管理层的重点注意，推动改善。

为了更好地确保投资价值的增长，在投后管理方面，我们建议主要从三个方面进行发力，即已投项目运营、资源资本对接、法律财务等顾问服务。

已投项目运营的工作主要通过以下几个点分别展开：

第一，基础运营。投资机构搭建已投项目库，分别从基本信息（工商变更等常规资料汇总）、财务状况、业务发展、融资需求及实际进展、当前发展遇到的问题及相对应的策略等几个维度来定期回访企业，一般以月或者季度为单位走访企业，汇总资料，并且上报给投资机构决策层。

这一阶段的工作是底层数据的搜集和整理，同时也为下面工作的展开作铺垫。

第二，定期诊断。针对走访过程中企业提及的或者在交涉过程中发现的问题，投后管理人员在与投资机构决策层沟通后，需按沟通后的意见出具具体的诊断报告及相应的解决方案，和企业负责人一同解决当前的问题或者给予所需的帮助。在定期诊断时，企业所面临的问题或者需要的帮助也分轻重缓急、优先劣后，投后管理人员需酌情处理，必要时需联合项目负责人一同解决。

第三，负责人制。所有的投资机构可能都会遇到少数企业拿了投资款后不配合投后管理或者难配合的状况，从而人为地加大了投后管理人员的运营难度。在这种情况下，在不影响企业正常业务的前提下，投后团队需要发挥投资机构整体的价值，联合投前负责人一同尽力解决，将问题解决与增值服务联合起来，为企业的保值增值努力，确保资方的投资价值。

第二节　不同阶段企业的投后管理

企业发展的阶段不一样，对应的投后管理工作参与的力度与切入的角度也不一样。这里从融资轮次的角度分别阐述每个阶段投后管理应有的侧重点。下文讨论分为：早期项目、成长期项目、成熟期项目、上市公司。

一、早期项目

（一）团队完善，股权架构优化

这一阶段被投企业遇到的主要挑战是管理、业务团队配置不完善，股权架构也不能够合理地随人员对企业的贡献而及时调整。创始人或者核心团队往往孤军奋战，但对于早期项目，人的因素起着至关重要的作用，投资机构在投后管理中的重要任务是协助被投企业完善自身的团队，并学会如何去优化股权以适应每个个体不断变动的价值贡献。

（二）商业模式形成

不同领域的商业模式往往大相径庭。商业模式中如何产生现金流的问题是目前市场比较关注的重点，也是后续持续融资和企业估值的关键点。投资机构要协助被投企业充分探讨更合理、更有想象空间的商业模式，以过往已投企业的试错经验，减少被投企业的试错成本，避免被投企业为商业模式走弯路交天价学费的情况发生。

（三）融资对接

企业现金流的稳定是企业能够持续发展的必要支撑。早期项目一方面可能由于运营经验不足或者商业模式过于创新，会缺乏合理的财务计划预算，正常经营的不确定性较高，投资机构应帮助被投企业规划实现现金流的稳定使用。另外，若被投企业的商业模式变现渠道还没有正常打开，则投资机构需帮助企业梳理融资规划，协助企业确定投后估值和融资的节奏①。

二、成长期项目

（一）商业模式固化

处于这一阶段的成长期企业，投资方投后的任务是协助企业完善商业模式，但更多值得深究的是稳定其销售模式，确保现金流的稳定性。同时要不断强化企业的核心竞争能力。

（二）融资策略

这一阶段融资所寻找的资金，更多注重其与企业自身文化的

① 郭秋颖，宋鹏凯．读懂投后管理：留住人守住财［EB/OL］．新芽 NewSeed 合作伙伴娱乐工场，［2016－06－18］．http://news.newseed.cn/p/1325229

契合、对企业未来战略及方向的认同。通过融资嫁接到一定的产业及金融资源更为重要。

（三）规范性

企业在业务快速发展期间往往不太重视自身的财务、法务的规范性，可能会给后续公司的长远发展及 IPO 留下“后遗症”。这是投后团队应该侧重关注的工作，以帮助企业避免埋下后期难以解决的障碍。

三、成熟期项目

（一）战略稳健

成熟期企业往往伴随着经受考验且相对稳定的商业模式，从而给业务上带来稳定的盈利和增长。在这一阶段，投后的任务应侧重在公司的资本运作上，一切以公司 IPO 辅导准备、并购退出等为主，围绕这一目标，协助企业完善相关工作，进行战术性的调整。

在战略层面，公司在这一阶段的运营以稳健为主，将有较大风险，对公司财务报表可能会产生巨大负面影响的扩张、创新等业务在体外开展。

（二）融资策略

此时公司的利润已经释放，且有尽快 IPO 的计划，因此企业的估值较高。可以根据公司的财务状况吸纳资金来优化财务架构、对外并购中小型企业等，但不适宜过度融资扩张。

（三）退出策略

如果公司因政策、主观意愿、行业问题等导致IPO无望或不确定性大，则投后应开展并购出售或股份回购的工作事宜。如果通过并购退出，则投后部门可协助对接有购买意愿的企业或资本；如涉及回购，则要与实际控制者沟通回购的具体方案及细节。

四、上市公司

已投公司上市后，投后管理的重心即市值管理和退出策略。投后团队需要和被投企业紧密沟通，确保基金持有的份额在合适的价格时点从二级市场退出。

第三节　投后管理的组织保障

组织是保障任务完成的重要手段，投后管理有别于投资业务，通常有以下组织与职能分工，以不同层次地从事相应的投后项目的管理工作。

董事会/投审会：基金管理公司的董事会常常是重大事项的决策机构，投资项目的退出一般要由其决定，由经营层负责实施。其他项目除非有重大价值变化，董事会通常不参与投后管理事务的决策，以经营层负责具体工作。

经营层：对于董事会权限以外的一切项目管理工作，团队从各自专业的角度出发都应参与投后的管理。具体职能体现且不限于以下几个方面：

（1）投后管理小组的设立、变更、撤销：设立对应各个投资项目的投后小组，以跟进具体工作的落实，明确相应的责任，明确项目经理作为项目投后的第一责任人。

（2）对被投资企业董事或监事和高级管理人员的委派、变更及有关权限的授予或调整；若是有董事、监事席位的，则经营层要委派相应的人员，并对他们的履职内容、程序进行规定。

（3）涉及被投资企业股权结构变化、出现较大的资产减值、承担较大金额债务或提供较大金额对外担保、管理层股权激励或虽不涉及经济利益调整但存在权利放弃的事项。

（4）涉及被投资项目非经济权益调整相关的日常投后管理事项；协助办理标的企业要求的一些法律手续或资格要求等。

（5）其他项目管理日常事项的处理。

投资管理项目组：一般由公司分管高管、团队负责人、项目经理、风控部（或投后管理部、法务人员）、其他部门（财务等）组成，具体的投后管理工作由项目组承担。

专职投后管理部门：一些机构为了克服项目组过于保护或袒护自己所承做项目的弊端，通过内部再设投资管理监督服务的部门，以促进对所投项目更为全面地了解或提供更多的专业性增值服务，防止项目经理对其所管某些项目的偏护，这也是督促投后管理工作更好落实的一种内部措施。

第四节　投后管理案例分析

案例一：促成并购，成功回收投资

2013 年 9 月，RL 公司用其所管理的股权投资基金对 HAX 出资总额为 4050 万元。以 2013 年 HAX 预估税后净利润 5350 万元的 8.41 倍 PE 为估值基础，HAX 投资前估值（Pre - money）为 4.5 亿元。全部投资价款通过增资扩股和股权转让的方式对 HAX 进行投资，投资后占 HAX 注册资本的 9%。本次融资用途为补充公司流动资金和满足新业务拓展资金需求。深圳市平安创新资本投资有限公司与 RL 公司所管理的股权投资基金共同投资 HAX 项目，其中深圳市平安创新资本总投资额为 8550 万元，持股 19%。为保障投资的安全性，RL 投资团队与 HAX 控股股东签有如下保障条款：一方面督促企业实际控制人按照年度利润承诺继续推进 HAX 保持高速增长，并积极推动 HAX 的上市计划；另一方面保障当 HAX 未来未取得上市时，投资者的投资可以倚靠实际控制人的回购最终取得一定比例的投资收益。

在投后监管工作中，委派 RL 公司高管进入 HAX 董事会，参加公司重大决策，并监督企业的经营发展情况；项目负责人负责项目投后管理的日常事务，每季度及每年度向 HAX 收集财务数据及经营情况信息，保持与被投项目高管的沟通，出具被投项目投后管理报告，通过该机制与风控各部门密切合作，确保投后管理的有序运转；监督与被投企业签署协议的进展情况。2013 年 HAX 的审计后净利润未能达到承诺额的90%，按照协议，RL 基金有权要求 HAX 实际控制人按照约定对基金进行现金补偿。实际控制人在与 RL 基金投资管理团队沟通后，双方协商可将不足部分的利润计入 2014 年进行实现，如再无法实现则再按照协议执行。

在增值服务工作中，进行股份制改革；协助 HAX 进一步优化组织架构，梳理工作流程，对人力资源进行有效调整，保证各部门高效协作；对各销售公司相互提供业务信息、相互促进业务签单制定新的激励措施；设置员工股权激励机制，最大限度地发挥核心员工及整个公司职员的积极性。经过与大股东的充分沟通，投资机构与公司达成一致，将通过并购方式将 HAX 装入上市公司，实际控制人成为上市公司股东，投资机构也实现从二级市场退出。达成一致后，RL 通过自身的资源以及专业能力，为 HAX 引荐了多家匹配的上市公司进行沟通谈判，并最终确定其中一家公司进行并购。

案例二："内部猎头" 助力标的发展

2014 年 3 月，清流资本向爱鲜蜂注资 1000 万元天使基金。

但当时爱鲜蜂的团队人员严重不足，产品发展受限，用户无法完整体验产品功能，清流的投后团队了解情况后，帮助爱鲜蜂团队牵线搭桥介绍各方面人才，其中很大一部分现在都已是团队中的核心人才。2014 年 10 月 23 日，爱鲜蜂又获得红杉资本领投的 2000 万美元 A 轮融资，以及 2015 年年初获 B 轮融资，估值超 3 亿美元。除了清流资本“一边找靠谱的人，一边找靠谱的项目”，红杉资本投后部门的独到之处在于设立了“内部猎头”的职能，意图搜罗高层次人才。真格基金的投后管理也相对比较系统，涵盖了人员招聘、PR 品牌、资本对接、财务法务顾问等。对于已经投资的项目，以季度为周期进行跟进，通过横向纵向对比，分层对接。IDG 则以内部月度推荐的形式建立核心人才库。据 IDG 的相关负责人介绍，现在全国每月有超过 500 次技术、产品及 UI/UX 方面的高质量候选人匹配。这种类似于猎头的工作只是 IDG 投后服务中的一部分，其余还包括资源开拓、公关活动、创业指导。

案例三：通过提高企业管理水平提高经营业绩

2009 年，鼎晖成立的专职化的投后管理团队，聘请了应伟先生负责其被投企业的运营管理。梅花味精是鼎晖设立专职化投资团队后所介入的第一个投后管理项目。以应伟为首的投后团队进场后，发现梅花味精存在一系列发展和转型问题，其中较为突出的是二代接班和环境污染治理问题。为此，应伟向梅花味精推荐了华润原培训总监为企业进行深度培训。通过该项培训，全体高管进行了头脑风暴，集思广益，不断发现问题、解决问题，培养出一批企业的骨干精英。鼎晖专职化投后管理团队进入后，要求梅花味精“一年只做好一件事”——精细化管理、质量、预算一步步完成。梅花味精的业绩增长也不负众望，2009 年实现净利润 2 亿多元，到 2012 年其年度净利润超过 6 亿元。

案例四：获得被投企业董事会席位，常态化参与企业重大决策

塞拉尼斯公司成立于 1912 年，公司以醋酸纤维起家，经过多次重组和发展，成为世界上最大的乙酰基生产厂商，成为一家全球性集化工、纤维和工程塑料于一体的公司，业务遍及北美、欧洲、亚洲。

在美国黑石公司（Blackstone）宣布收购塞拉尼斯公司 84% 的股权后，塞拉尼斯成为黑石的子公司。但黑石投资除资金投资之外还有管理咨询服务和监管等主要任务。所以，从被投资企业的角度来讲，等量的资金投入无差异，而“投后”的后期管理服务显得至关重要。对那些拥有一定市场前景和市场竞争力的企业而言，“专业化管理”增值服务的意义更加深远（Hellmann，2002）。因为所接受知识背景、阅历和资源网络等的不同，可能会造成风险投资家参与“投后”管理重点、质量的不同。就美国黑石投资塞拉尼斯项目案例而言，黑石提供的投资后增值服务管理涉及以下几种形式：

一是黑石投资获得塞拉尼斯董事会的席位。美国黑石投资在向塞拉尼斯投资之后，取得了董事会中的席位。塞拉尼斯在获得美国黑石的投资后，变成了合资企业，黑石可以为公司的经营决策、财务管理提供参考性意见，如优化资本配置、减低负债率等，黑石投资对塞拉尼斯的公司管理从多个方面展开了渗透。

二是黑石投资定期审计塞拉尼斯的财务报告。在美国黑石对塞拉尼斯投资之后，黑石要求塞拉尼斯每月向其递交财务分析报告。它利用对财务数据的分析可以了解塞拉尼斯的业务状况和财务控制能力以及存在的问题。黑石投资最擅长从企业财务数据中得出结论，像延迟财务报告、发生重大变化、出现亏损等问题都能从报表数据中得出。而且黑石还善于通过现金流量表分析出企业的现金收支情况。而面对那些新创企业与新兴业务，还能分析得出现金流量应在何时达到盈亏平衡点。

三是黑石投资直接与塞拉尼斯管理层沟通。在投资之后，美国黑石经常会通过电话、参会等沟通方式，与塞拉尼斯的高层管理人员接触、洽谈，以便随时了解公司经营情况并进行指导或咨询。根据国外的调查统计，美国黑石投资平均每年到每家被投资企业视察 19 次，而通过面谈或打电话等方式与企业进行直接接触每年共花去 100 个小时。

黑石投资恰当的“投后”增值服务推动了塞拉尼斯公司的迅速发展。

从以上四个典型案例可以总结出，无论是战略布局，还是投融资并购，企业不仅要了解清楚自身的产业格局，还要思考并购后的作为和增值。无论是商业模式还是技术层面，企业无论在哪个阶段都不能停止创新。综上所述，我们更乐意把投后部门和企业直接比喻成“母子关系”，当然并非指层级上的关系，而是发展脉络中两者彼此相依的关系。在不同的阶段，“母子关系”也要随着时间的推移而进行角色调整，才能共同成长、共同获益。

思考问题：

1. 投资机构对被投企业进行投后管理，主要包括哪些方面的管理活动？

2. 投资机构对被投企业提供的增值服务有哪些？

3. 投后监控应当重点监督哪些风险因素？

4. 不同发展阶段的企业投后管理侧重点有何不同？

5. 投资机构的投后管理工作如何组织化与制度化？

第六章 PE行业研究启蒙

段威宇①

① 段威宇，专业领域：股权投资、行业研究。

第一节　行业里的哲学

电影《兵临城下》里有一段苏军瓦西里和德军康尼少校两位顶尖狙击手的精彩对决，让人印象深刻，也引起笔者对精准“狙击”概念的浓厚兴趣。追求在投资领域的精准狙击几乎是每个投资人的梦想。

如果说顶尖的狙击手是用子弹“喂”出来的，那么一个成熟的投资人的心态和经验则可以说是用“无数”的项目堆积出来的。从刚入行的随便看到一份商业计划书都会两眼放光、心情澎湃、看谁都像乔布斯，到若干年后经历过摸爬滚打、踩坑踩多了后，反而对各种“讲故事”“画大饼”的情况司空见惯，心中毫无波澜。这既是一个投资人心理年龄成熟的过程，也是一个追求更高造诣的阶段。就好比音乐、绘画艺术领域，入门都不是太难，但要想达到炉火纯青、前无古人的境界，光靠勤学苦练难免会遇到难以逾越的瓶颈，这时，有人发现深奥的哲学可以帮助你打通“任督二脉”，然而如何定义哲学，估计连学哲学的人都无法给出令人满意的答案，或许恰恰是哲学那种“似山非山、似水非水”

的朦胧感，给人指出了各种试错的方向，试对了则感慨一下哲学真伟大，试错了则自我批评一下“自己怎么这么笨，连这都悟不透”。

如金庸笔下剑冢中的“利、软、重、木”四把剑的哲学，试着套在股权投资领域或许就是：

“利剑”的“凌厉刚猛”要求刚入门的新手要专注某一行业，做到产业链纵横“门儿清”，基本上把这个产业的大部分代表性公司都跑一遍。谈到这个行业上下游产业链的某一段，可以马上想到这一端的龙头是谁，他们经营得如何，有何特点和缺点，等等。

“软剑”的“刚柔并济”或许是提示投资人要学会融会贯通，行业之间总有千丝万缕的联系，要学会举一反三，找出共性，做到既专又全。

“重剑”的“重剑无锋，大巧不公”或许是在讲当专业水平、经验和资源达到一定程度形成质变时，无须再像业内“小白”一样蜻蜓点水地到处撒项目、追求一个10%的成功概率了，反而是集中绝对资源于一个企业，做到不出手则已，出手既准又狠。这个境界不是赌徒般的那种押大小的心态，而是对行业和企业以及资源调配有绝对的把握和信心。

“木剑”作为最高境界，也是金庸对剑冢哲学的一个升华，有一种老子哲学的“大音希声、大象无形”、返璞归真的感觉。

记得有一次朋友开玩笑地说，如果能回到从前，他希望回到1999年，然后到杭州西湖边找一个叫马云的小伙子，请他吃顿酒，顺便拜个把兄弟。笔者也开玩笑地说，其实没必要，现在找下一个“马云”不是那么难，也别管行业是不是风口、企业现阶段是不是符合你的口味。你要做的就是花300块钱请对方喝个酒，然后把对方的生辰八字套出来，再花200块钱请个八字高手算一下对方能不能发大财，总共成本才500块钱，比你费这么大的力气尽调、研究要准确多了，并且还省时间。现在回想起来，笔者也为当时的机智感到感叹，差一点“一不小心”达到了“木剑”的境界。但毕竟私募股权投资不是过家家，八字算命就和做数学题一样，即使会做的题目也可能因为粗心做错，如果投资是用自己的钱这样做就算了，如果是拿投资人的钱，靠这一招也过不了投委会。

无论是一级股权市场还是二级股票市场，投资人的心态无外乎恐惧和贪婪两种。之所以恐惧，是怕赚不到钱，之所以贪婪，是怕赚少钱，总之就是两头都怕。投资一级股权市场恨不得能像二级股票市场那样，今天买进，过不了几天就开始拉涨，然后在高位卖出，一切都是那么完美。然而投资毕竟不能靠纸上谈兵，市场很少会给出具有完美理论条件进去和退出的机会。

从过往的经验来看，找到一个好的投资标的就像找女朋友一样，既想漂亮、身材好、善良、有智慧，顺带还会做几个菜，最关键的是还想订婚礼金给得少一点，哪有这等好事？你看那些成功上市的企业，在光鲜的背后，总有那么一段“矮矬穷”的黑历史。那些看起来完美的投资标的，价格也自然不菲，“皇帝的女儿不愁嫁”嘛。在投资圈里有一句话笔者非常认同，那就是

“没有差项目，只有贵项目”，好的投资项目，价格上天了也自然成了坏项目。

大家知道股票市场里“三大酒”非常好，要市场有市场，要毛利有毛利，最厉害的是几乎没有保质期，越放越值钱，基本找不到明显的缺点，相应的公司估值也已经“飘在云端”，你让它再翻个倍已经非常困难了。相反，有些连亏损几年并“成功”踏入“ST *”的股票反而跌出了价值洼地。一级股权市场也同样如此，毕竟一级和二级炒的都是股票，只不过流动性不同罢了。

因此，选择投资标的，不要寄希望于完美无缺，像我们一般会选择有明显短板的企业，而这个短板恰恰是我们能够帮助弥补的，这是区别产业投资和财务投资的根本点。现在的企业创始人见的资本多了，也变得很现实，见到资本首先会问是财务投资还是产业投资，如果不能给企业带来资源，即使开价高一些也很难一下打动企业主的心。原因其实很简单，投资方在公司估值上让步，自然会通过其他方面进行弥补，如与企业签署比较严格的对赌或回购协议等。财务投资无法提供除资金之外的其他资源，单靠企业自己“试错式”的摸索，摸索成功了双方都受益，失败了则会触发对赌条款进行现金或股权补偿，总之没有“免费的午餐”，企业主自己也明白这个道理。所以有的企业宁可估值低一些，也欢迎有产业背景的投资人。

对于初入行的投资人来讲，如何选择适合自己的行业进行深入研究关乎其自身未来的职业规划，也关乎其职业前景。虽然说

“三百六十行，行行出状元”，但并不是每个人都能通吃所有行业。

在这里，笔者将所有的行业归为两大类：能看懂的和不易看懂的行业。顾名思义，能看懂的行业并不是指低端的行业，而是指产品和商业模式一目了然，无须做深入的专业学习即可理解的行业，如3C行业里的手机产业，产品随处可见，整个商业流程无外乎设计、生产、销售、售后等，脉络非常清晰易懂。不易看懂的行业是指没有相关专业背景很难切入的行业，如医药业，“使用抗CD19嵌合抗原受体（CAR）T细胞治疗患有侵袭性非霍奇金淋巴瘤（NHL）”，相信前面这段描述即使是去百度搜索也很难理解到底是做什么的，更难知道其中的价值所在。这就是属于那种看不懂的行业，当然对于学生物医药学的学生来讲，看到这句话就和我们看到“氢气加氧气燃烧产生水”一样简单。这也解释了为何有专业背景的反而容易转向该行业的金融领域的原因。

本章将会向您介绍三个比较受资本追捧的行业，重点介绍一些行业内的“干货”，尤其是一些关键的判断要点，来帮助初入门的投资人快速了解行业的情况，少走投资弯路。另外，也会分享一些如何寻找自己需要的行业报告的方法。

第二节 大农业要点

一、大农业的刚性

还有哪个行业能比农、林、牧、渔业更刚性？根据美国心理学家马斯洛的需求层次理论，吃喝是一切需求的基础，如果连饭都吃不上，穿得再暖，住得再好，手握几部“苹果”，别说快乐，连基本的生存都是问题。那么是不是说投资现代农业稳赚不赔了呢？首先，现代农业，笔者相信无论在什么时候都是贴合政策的主流方向，从这一点来看，政策面是没有问题的，不会像某些行业（如网约车、民营快递行业）面临政策性风险；其次，农业“盘子”非常大，动辄十万亿级别，稍微切一小块也是非常大的“蛋糕”；农、林、牧、渔业细分子行业广，总有一个适合的；最后，农业的扩展性强，可以加互联网、加工业、加人工智能、加物联网、加服务等。

二、大农业的财务风险

然而，就是这种“百搭”的行业，也面临投资方面的问题。

第一，现金交易和发票问题。有些农业企业的上游供货采用的是现金交易且无法提供发票，这就给财务造假提供了空间。说得简单一些，如食品加工行业，它们的上游供货可能是来自普通的农户，也就是收“散货”，普通的农户怎么可能给企业开发票？条件也不允许。不光是有的上游没法开发票，有的企业下游用户不需要企业开发票且交易方式多为现金，也为财务造假提供了空间。如农药、化肥、兽药企业或渠道商“to C”端，直销给终端普通农户，问题是并非所有的终端用户都需要企业方开具发票。企业的财务造假无非有两种目的：要么是为了粉饰业绩，企业这样做一般是为了满足资本运作的需求，如夸大业绩更易获得融资和保持市值；要么是故意逃税。假如投资这样性质的企业，投资人的利益很难保证，说白了就是，如果企业的盈利能力很强，企业主可以通过手段隐藏利润，分红的时候投资人可能分不到全部利润，盈利的大部分进入了老板甚至是采购员的个人口袋；如果企业已经开始亏损或盈利能力达不到对赌协议约定的要求，则企业主可能会通过财务造假来粉饰危机，让企业度过对赌的那几年。总之，外来投资人会比较被动，利益难以保障。因此，有的农业类企业在上市辅导期，会对上下游采购和销售进行规范，防止出现此类瑕疵。如上海农乐生物公司，他们索性就放弃了 C 端市场，只对 B 端企业销售。

第二，农业税问题。2006 年 2 月 7 日颁布的《中华人民共和国国务院令第 459 号令》，废除了农业税。没有了农业税这个“硬成本”的约束，虚增收入后不需要缴纳相应的税费，农业企业造假的成本要远低于其他行业，给居心不良的农业类企业“刷单”造假提供了便利。之前曾接触过一家企业，他们就是利用同一车农作物反复做出场登记，以此“刷单”来抬升收入，目的是吸引投资人入场。所以说，在投资领域，“套路”无处不在，接下来笔者会分享几个公开的农业企业财务作假的案例（见表6.1）。

（一）案例一：曾经的“中国农业第一股”——蓝田股份[①]

1996年，蓝田股份成功上市，被市场寄予厚望，被称为“中国农业第一股”，在其“优良业绩”的推动下，一度成为市场争相追捧的“香饽饽”。该企业主营养殖、旅游和饮料业务，上市后，财务数据一直保持着强劲的增长速度，其总资产规模从上市前的2.66亿元一跃到2000年年末的28.38亿元，增长了9倍。但事实却是，该公司在1999—2000年期间，虚构营业收入高达36.90亿元，实际数据只有6400万元，其中虚增净利润9.4亿元，实际为亏损3200多万元。造成这种情况的原因其中就包括农业类产业自身的一些特性，在农业生产和经营过程中涉及的基建、采购销售等环节，主要涉及农民个人和小型的农民合作组织。

这类群体的性质就决定了这类农业企业的交易对象较为分散，且交易媒介多是通过现金的方式，造成该类企业的业务和现金流水不会像其他B2B类企业那样，拥有清晰的交易凭证。蓝

---

① 殷越．论蓝田股份审计失败的案例分析及启示[J]．中国外资，2013(14)：219－220.

田股份恰是借用这个行业特性虚增利润和资产，数以十亿计的销售收入无法核实，企业解释说是现金交易。此外，在蓝田股份有疑问的账目中，存货的产品构成也有疑问，如池塘中的鱼实际的品种、数量和重量；公司的固定资产的计量也同样有问题，因为蓝田股份的主要固定资产和在建工程都在水下，很难搞清楚水中的情况。

（二）案例二：万福生科的净利润之"痛"①

2011 年，万福生科上市，主要从事稻米精深加工业务。2012 年 9 月 14 日，公司因财务造假被证监会湖南监管局勒令调查。万福生科在停牌后，自查并公告的结果如下：公司在 2008—2011 年期间虚增净利润 1.6 亿元。

该公司应收账款项中存在严重的伪造销售合同、虚拟销售业务等作假行为。公司另一个有问题的信号就是高管更迭频繁。公司上市仅一年半，就经历了数次高管更迭：2011 年副总经理张行、叶华辞职，监事杨满华、杨晓华辞职；2012 年上半年在公司任职 7 年之久的副总经理黄平和董事会秘书肖明清辞职；2013 年上半年财务总监覃学军辞职。其实道理很简单，一家上市公司如果一切运行良好，谁会舍得离开？

另外还有一些案例就不一一展开了，笔者用表格的形式整理出来，供读者参考。

① 崔晓莉，武磊．万福生科财务造假案例分析及启示［J］．现代商贸工业，2013（15）：151－152.

表 6.1 农业财务造假示例

公司	查处时间	公布或自查的造假方式	市场质疑	可能的作假手法
绿大地①	2010	涉嫌虚增资产、虚增收入、虚增利润等	1. 流动资产中存货比例太高，报表上显示苗木价格与市场上的价格完全不一致；土地价格虚高数倍； 2. 上市三年时间就更换了三家审计机构、三任财务总监	1. 虚增资产； 2. 虚增收入； 3. 现金流不实
银广夏②	2002	伪造购销合同、伪造出口报关单、虚开增值税专用发票、伪造免税文件和伪造金融票据等手段，虚构主营业务收入、虚增营业利润	1. 天津广夏萃取设备的产能，即使通宵达旦运作，也生产不出其宣称的产量； 2. 天津广夏萃取产品出口价格高到近乎荒谬； 3. 银广夏对德出口合同中的某些产品，根本不能用二氧化碳超临界萃取设备提取	伪造购销合同、伪造出口报关单、虚开增值税专用发票、伪造免税文件和伪造金融票据等
秦宝牧业③	2013	在繁育、饲养、屠宰、加工、销售等各主要环节业务中，涉嫌全产业链造假	《每日经济新闻》进行实地调查后发现《招股书》与公司实际有很大的差距，提出基础母牛、关联方利益输送等质疑	1. 基础母牛数量和寄养模式涉嫌造假； 2. 客户信息涉嫌造假； 3. 涉嫌隐瞒关联关系； 4. 养牛成本造假，屠宰业务造假

① 余晓丹，袁蓓．从“云南绿大地”看财务舞弊[J]．四川职业技术学院学报，2013，23(4):27－30.

② 胡书雅．完善公司治理、杜绝虚假会计信息——银广夏案例分析[J]．当代经济，2016(24):64－65.

③ 陈青松．秦宝牧业或遭重罚[N]．中国企业报，2013－06－04.

之所以列出这些农业类企业财务造假的案例，并不是让大家以后不要碰农业企业，而是在选择合适的投资标的时心里先有个数，毕竟农业是个永不衰退的、有绝对刚性特点的行业。假如以后碰到心仪的农业企业，尽调的时候在财务方面要把好关；假如已经成为某一家农业企业的股东，就要好好在业务规范上下点功夫。

第三节　大健康行业要点

大健康产业是重要的核心产业，有着匹敌农业基础产业的刚性需求特点。像日本、美国这样的大国已经将大健康产业列为重点投资对象。大健康是个笼统的概念，具体来讲，可分为医疗产业、医药产业、保健品产业以及健康管理服务等细分产业。①

在这一章节，笔者特意挑选了几个市场上热门的分支行业，将其中的一些判断要点稍作整理分享给大家。

一、Ⅰ类原创药行业

讲在最前面，如果不是医药专业背景的，建议不要碰制药这个行业，尤其是原创药，因为里面的“水”实在太深，对专业的要求太高。什么是Ⅰ类原创药，说白了就是原来世界上没有这个东西，有人发明出来了，这就属于Ⅰ类。另外还有Ⅱ类、Ⅲ类、Ⅳ类药，依次为改良药、国内首次仿制药、仿制药。按照价

① 朱士俊．我国健康产业发展现状及对策分析［J］．医学教育管理，2016，2（1）：391－394.

值来讲，如果Ⅰ类原创药顺利通过临床进入市场，则它的价值一般来讲是四类药里最大的，当然不排除一些特殊情况。

（一）“真原创药”与“假原创药”陷阱

原创药领域的第一个“水坑”是真假原创药，如果不是专业人士很难分辨出来。这里的“假”并不是指假冒伪劣，而是通过对已有原创药A的分子式进行技术处理，如在分子式中增加一些新元素，当这种药被服用后，会在人体内通过化学反应，又还原成起作用的原创药A。从分子式来看，“假原创药”确实属于新物质，从理论上讲应该算是Ⅰ类原创药，但其药效原理其实还是别人已经成熟的并且已经上市的药品技术，讲得简单点，就和化妆的道理一样，浓妆艳抹之后，看似另外一个人，卸了妆还是原来的模样。有人可能会问，既然假原创药最终还是会有药效，那投资它不是挺好的吗，为何称它为“水坑”呢？“假原创药”等同于“包装后”的仿制药，先不谈其他的，光是Ⅰ类原创药和Ⅳ类仿制药的估值就完全是两个数量级，就好比一个鸡蛋市场价5毛钱，你愿意花50块钱去买这个鸡蛋吗？价格贵了，赚不到钱甚至会亏钱，再好的项目也会变成烂项目。不只是花冤枉钱这么简单，你用“假原创药”仿制别人的真原创药，与别人形成竞争，你觉得对方会轻易放过你吗？真假原创药的分子式摆在外行面前可能会蒙混过关，但在研发药的专家手里就像我们看“1/2等于0.5”这么简单。这就带来了法律风险。

（二）原创药估值

玩翡翠的有句行话叫“色差一等，价差十倍”，这句行话同样适用于原创药市场，即“临床差一期，价格差十倍”。这里插一点临床的小知识，药品研发出来不可能直接上市销售，总是要经过验证，这个阶段为药物临床试验，一般临床试验分为Ⅰ、Ⅱ、Ⅲ、Ⅳ期，其中前三期为上市前临床，目的是验证药物对患者的治疗作用和安全性，评价利益与风险之间的关系，最终为药物注册申请的审查提供充分的依据，第四期为上市后的临床。临床也不是药品研发企业想进行就可以的，需要通过CFDA（国家食品药品监督管理部门）对新药临床试验审批。原创药企业的估值也会根据所处临床不同的阶段成倍增长。如临床前，药品研发完成，需要申请临床，这个阶段药物失败的风险非常高，相应的药企的估值也比较低，一般在几千万元左右。当进入一期临床后，企业估值可能要1亿~2亿元；二期临床，估值大概十几亿元；三期临床二三十亿元左右；三期临床通过后，估值会进一步上升。理论上，越靠近三期临床，药品成功的概率越高，相对的风险越低，估值也越高。之前笔者与上海医药协会副会长曹伟荣交流过，他表示，看一个原创药到底有没有价值，要看它是否是针对某种症状，如果是保健型原创药，则价值一般要低于针对特定症状的原创药。另外，哪怕是在三期临床，一旦发现药物致癌致突变，将直接宣告失败，之前的投入也就打了水漂。所以说，原创药领域风险非常大，相应的回报也非常高，一旦顺利通过临床并拿到药品注册批件、新药证书和生产许可证，那么在接下来20年的专利保护期内，简直就是个“现金牛”，如常州的方圆制药，依靠旗下原创药硫酸依替米星，每年光是纳税就达1.2亿元。这种高风险、高回报的特性，自然吸引了大批资本进入该领域。

（三）投资阶段

对于投资哪个临床阶段胜算最大则是“仁者见仁、智者见智”。笔者曾经与苏州元禾原点合伙人赵群交流过，他专注药品投资二十余年，他的偏好是投资临床前的原创药企业。他的投资策略确实有些意想不到，一般来讲，临床前阶段是风险最高的阶段，基本可以说是“八字还没一撇”，当然，也是估值最低的阶段，他的业内经验最后总结出只投临床前的原创药企业，自然有他的道理。其实投资临床前的原创药企业就是拿资金撒网赌概率，假设临床前药企的投后估值为 3000 万元左右，拿下 1/3 的股权不过1000 万元,假设手中有 10 个亿的资金用于投资原创药，投资临床前的可以投 100 个左右，如果有 2 个最终成功，收益也会非常可观。另外，再假设所处三期临床的原创药企业投后估值 30 亿元，拿下 1/3 股权需要 10 亿元左右，手中的 10 亿资金仅够投资一个标的，虽然所处三期阶段，但依然有失败的概率，即使成功，收益也未必比得过那 2 个成功的临床前项目。

接下来举几个原创药三期临床阶段失败的案例加深一下印象。第一个案例是治疗神经系统退行性疾病（阿尔茨海默病）的药物 Dimebon，该药顺利进入Ⅲ期临床，辉瑞公司向研发公司 Medivation 支付了高达 7.25 亿美元的资金，以获得该药。然而，最近两项对阿尔茨海默病和亨廷顿氏病患者的晚期试验并不如意，该药宣告失败[①]。在III期临床阶段失败的原创药的案例还包括阿斯利康的口服前列腺癌药物 Zibotentan；阿斯利康公司连续两项Ⅲ期项目失败之后，再次被迫终止了结肠癌药物 Recentin 的开发[②]。因此，打算在原创药领域深造的朋友千万不要被所谓的Ⅲ期临床“风险很低”的表述所迷惑。

二、口腔医疗行业

如果按照医疗器械销售额排名，齿科并不靠前，甚至差一点被并入“其他”分类里。之所以专设一个章节来讲口腔医疗中的“猫腻”，一是看重它的市场确实庞大，二是里面确实比我们想象中复杂得多。

行业协会的统计数据显示，预计到 2020 年，全国口腔医疗设备及相关产品与服务市场有望突破 4000 亿元。这是一个庞大的市场，产品和服务与多数人息息相关。

（一）叫不出名的“尴尬”的器械种类

你能否想象到，就是这么一个看似简单的行业，光是口腔器械就有两万多种，最关键的问题是业内还没有统一、公认的命名规则，这就给器械销售带来了麻烦。行业中，有专门的渠道商对接末端用户，并建立长期稳定的业务联系和信任基础。笔者之前与上海的一家从事口腔器械渠道的企业打过交道，这家公司叫宣

① 王迪．为 Dimebon 辉瑞掷金 7 亿［N］．医药经济报，2008-09-12（A02）．

② 袁源，骆国军，周静，周蓉．药品研发中的风险控制［J］．中国药事，2014，28（6）：595-597．

字医疗，其负责人坦言，连最基层的口腔诊所医生都叫不出器械的名字，他们要买器械是通过发图片给公司，然后公司工作人员再通过图片到库里去找，如果没有库存，就将图片发给厂家，让厂家帮忙想办法搞到。正是口腔器械行业的特殊性，造就了末端客户与中间商之间的默契和长期稳定的黏性关系。

可能有人会想到把口腔器械与电商结合起来，要图片有图片，要种类有种类。据业内人士说，天猫和京东也曾尝试过，但最后没有了下文。原因很简单，还是没有解决公认的命名规则问题，器械之间微小的差异和繁多的品牌，给商品的选择制造了困难，降低了体验感，反而是直接把图片发给熟悉的中间商来得更爽快。打开天猫网站，进入医疗器械板块就会发现，能做电商的器械基本上都是功能较为集中且可标准化的产品，如轮椅、制氧机、血压计、创可贴等。而口腔器械则属于那种功能分散且无统一命名规则的品种，通过电商销售确实有难度。

（二）口腔诊所的运营

口腔诊所有别于口腔医院，单个诊所的床位可能就十来张，不了解的朋友可能会认为口腔诊所很赚钱，其实，单个诊所年收入能达到 500 万元就已经算是不错的了，靠单个诊所就想 IPO，可能性不大。未来，口腔机构的连锁化、高端化、信息化趋势依然会持续。除通策医疗、拜博口腔、瑞尔集团这种老牌牙科连锁机构之外，爱康国宾、美年大健康等体检机构通过自建、合作和收购等方式也在延伸牙科业务。

导致单个口腔诊所做不大的原因是多方面的，这里着重探讨一下诊所医师带走客户这一情况。诊所毕竟有别于医院，无论是业务规模、专业程度还是资源配置，都是小诊所不可比拟的，假如口腔医院和诊所都设在一个区域，价格相差不大且都无须排队，那么还有谁会去口腔诊所？所以口腔诊所存在的价值就是填补区域口腔医疗的空白，诊所医师技术不好，难吸引客户；医师技术好，客户忠诚度高，又可能会带走客户。这就是口腔诊所面临的困局。而大型的口腔医院因为牌子够大，资源又多，保障更充分一些，客户黏性要强于诊所。因此，诊所要想做大做强，开分店可谓是必经之路。在这里插一句，行业分析需要举一反三的思维，还有一些行业也存在带走客户的情况，如 K12 名师课外一对一辅导，学生认可老师的教学水平，第一年是在机构缴费上课，第二年可能就不再续费，直接去老师那里“开小灶了”，教学水平不变，价格反而更低。这就是为何 K12 一对一培训不被看好的原因。

（三）种植牙产业

笔者更看好口腔种植牙产业。先说几组数据：韩国 4000 万人口，每年种植牙 200 万颗，平均 500 颗/万人；泰国 6000 万人口，每年种植牙 50 万颗，平均 83 颗/万人；我国 14 亿人口，每年种植牙 100 万颗，平均 6. 6 颗/万人。平均每万人种植数甚至低于泰国，更远低于韩国。这并不是说国人牙口好，再看另一组数据：我国 45 岁以上（40% 的人）人均缺牙 4. 5 颗，60 岁以上人均缺牙11颗，全国共缺牙20亿颗，并且每年新增1亿颗。而我国的种植牙99%来自进口①！也就是说，我国有大批有种植牙需求但是没有进行种牙的群体，而那些已经种过牙的群体里99%的种植牙都来自进口。这个市场既有横向进口替代的空间，又有纵向市场扩展的空间，可以说是蓝海一片。那么这么好的市场国内企业又岂会不知呢？华西医科大学卫生部口腔种植科技中心搞出过自己的种植牙系统（CDIC系统），售价也低于进口价格，但由于技术原因，导致种植牙容易脱落，终究难以站稳市场。山东威高也搞出了自己的产品，但售价甚至高过韩国进口产品，难以推广。种植牙核心的难点就在于种植体表面的处理技术，这并不是想象中用个纯钛种植钉拧上就牢固的，如果种植钉表面处理不好，很难与骨骼结合，自然就容易脱落了，种植牙脱落就意味着种植失败和后续的赔付处理。

① 杭州先略投资咨询有限公司．2016—2021年种植牙行业深度调查及发展前景研究报告[R]．中国市场信息研究网，2016.

第四节 环保行业要点

现阶段，经济的快速发展附带出能耗及环境的双重压力，国务院出台了《“十三五”生态环境保护规划》，旨在促进节能环保行业的快速发展。面对十几万亿的巨大市场空间，企业与资本都跃跃欲试，争取在这次红利盛宴中分“一杯羹”。在多年的发展中，中国的环保产业已经形成了多元格局，在细分领域产生了龙头企业。大气治理、土壤固废（危废）、水处理、环境监测依然是资本及产业热衷的细分领域，而技术创新则是引领产业升级的助推器。本节重点探讨环保行业里的资源回收这个细分领域，聊一聊再生资源的那些事。

资源回收，顾名思义，就是废弃资源或危废垃圾经过技术手段处理，把里面能用的物质提取出来，做到废物再利用。想象一下，如果没有资源回收这个行业，过往生产的汽车、手机、电视、电冰箱、塑料包装早已把我们淹没了。另外，地球的资源本来就是有限的。总之，资源回收和再利用不会像有些行业那样昙花一现，可以算是一个未来会长久存在的产业。

一说到资源回收，可能有人会想到“收破烂”的废品回收站，会联想到小院子里堆满各式各样的废品，小贩之间在秤砣前划价的场景。作坊式的废品回收站只是整个资源回收产业中的冰山一角，在整个链条当中，还包括一些“高大上”的资源再生企业，它们的业务覆盖了从大宗金属、塑料、玻璃到稀土元素、贵金属等。本节的重点不在处理技术上，而是探讨一下该领域的判断要点。

一、“两头收钱”的商业模式

常见的商业模式一般是向上游购买原材料，然后经过加工再卖给下游客户，属于“一头收钱”的模式。而在资源回收，尤其是危废资源回收的细分领域，却存在着“两头收钱”的商业模式。国家已全面推行危险废物处置收费制度：危险废物处置收费（不包括放射性废物送贮费）为经营业务性收费，其收费标准按照根据各地方的情况补偿危险废物处置成本、合理盈利的原则核定①。如上游电镀厂生产后产生了大量电镀泥，这种废料属于危废，需要无害化处理，普通的电镀厂一般缺乏处理设备和技术但又恐被罚款不敢乱排放，因此会转包给第三方专业处理厂，当然也要支付一定的费用，如每吨支付处理费几千元。危废资源回收厂会通过技术手段对危废进行处理，并将其中有用的元素以单质或化合物的形式提取出来，然后再以市场价销售给客户。当

① 国家发展改革委．关于实行危险废物处置收费制度促进危险废物处置产业化的通知[Z]．发改价格[2003]1874号,2003.

然，并不是所有的资源回收企业都是“两头赚钱”的模式，这要看所回收物品的性质，如锂电池正极材料的回收就是单向赚钱模式。总体感觉是，污染性越高且环保越棘手的废品，上游厂家更愿意花钱。

二、重资产堆积推升起来的业务增长

固废处理与新兴网络行业完全不同，如建个网站，只要技术和硬件搭配得科学，就可以在相对少的资产投入下容纳高额浏览量，在硬件上投入产出边际效益较高。而固废处理一类的企业则不同，每个处理厂有最大产能，当达到最大产能时，如果末端再生品的售价保持不变，那么处理厂的业绩就很难再增长。如果企业想让收入迈上新台阶，则需要不停地在固定资产上投资，同时也要办理更高产能的资质。正是这种产能瓶颈特性，再加上每个地区都有处理厂数量的配额限制和排他性，促使企业“跑马圈地”，谁占的点多，谁就有优势，谁就有做大做强的潜质。

三、重资产行业的通病是高折旧费用

固定资产折旧是会计上的处理方式，简单理解就是公司购买的一些固定资产会随着时间的增长越来越不值钱，如电脑，买的时候5000 元，5 年以后可能只值300 元，那么损失掉的部分价值不能无缘无故地消失，要在会计报表上体现出来，这是折旧，计入管理费用，每年会冲抵掉一部分利润。讲得直白一点，即使每年企业没有收入，固定资产折旧费用也依然会产生，反映在会计账面上，企业自然就形成亏损了。回到资源回收企业上来，企业收入稳定还好，一旦出现收入波动，可能就会让会计报表变得很难看。要知道，投资人投资企业一般会签署回购条款或对赌协议，就是为了防止企业经营出现问题的情形发生，这是投资人给自己留的一条后路。这和刚才提到的折旧有什么关系呢？刚才说到，如果重资产企业的收入出现波动，那么高昂的折旧费用会吞噬利润，甚至变成亏损，而回购协议或对赌协议一般都会对业绩有要求，达不到要求就触发条款，然后企业主就等着赔偿吧，这多少会对企业造成创伤，甚至会让企业陷入挤兑危机。

拿鑫联环保（原新三板挂牌企业，2017 年 3 月 21 日终止挂牌）举个例子。该企业是从事重金属冶金固危废无害化环保处理及资源化清洁利用的企业，主要的再生品包括锌锭、铟锭、铅、铋、锡、碘、铷、铁精粉、还原铁粉等。这家企业挺有意思，可以看一下其财务数据，如表 6. 2 所示。2013 年，公司收入已经达到4 亿元,净利润 3449 万元，2014 年收入增至 7. 7863 亿元，净利润小幅上升至 4161 万元，基本达到申报 IPO 的入门线，但公司当时并没有申报。2015 年，公司收入小幅下降至 7 亿元，但是净利润由之前的盈利 4000 多万元变成亏损近 4000 万元。2016 年，收入增至 9. 1373 亿元，净利润又回到了 4000 万元的水平。如果投资人在 2014 年以 Pre - ipo 的目的入股该企业，那么接下来的 2015 年出现的亏损不知道要触发怎样的对赌协议（注：一般当企业正式申报 IPO 时，所有的对赌协议一律失效，但如果 IPO 失败，一般会约定 IPO 失败后的补偿或回购问题）。另外，2015 年的突然亏损，也给公司上市留下了污点，证监会的发审委员看到这些数据后难免会质询，认为其未来上市后也可能会出现这种亏损情况。

再回到鑫联环保这个案例，据其解释，2015 年发生亏损的原因是受泛亚金属交易所兑付危机事件的影响，公司其中一个再生品铟价瞬间暴跌，从 5055 元/千克迅速跌至 1200 元/千克附近，跌穿 20 年来的最低价格，导致公司最终亏损。

表 6.2　鑫联环保财务数据　　单位：万元

财务项目	2013	2014	2015	2016
总营业收入	40998	77863	70120	91373
营业成本（包括存货减值）	36918	73250	76867	86590
管理费用（包含折旧）	4663	9204	10240	10325
净利润	3449	4161	亏损 3692	4066

数据来源：公开的年度报告。①

鑫联环保这个案例也折射出资源回收行业的另一个问题，就是下游再生品的价格波动对公司业绩的影响较大。例如，鑫联环保其中一个下游再生品产品铟价，2009 年每千克价格是 2000 元左右，2011 年直接上蹿至 6000 元/千克，2015 年又跌至 1200 元/千克，如图 6.1 所示。价格波动幅度过大，公司业绩自然难以保证。下游产品的价格大幅下降，不仅会直接影响产品的销售收入，同时还会促使企业进行会计存货减值处理，简单地讲，就是在收入减少的同时，费用还增加了，在这双重夹击下，利润就

① 鑫联环保．鑫联环保科技股份有限公司 2015 年年度报告［R］．主办券商：申万宏源，公告编号：2016－005．［2016－04－25］．

会变得比较难看。

图 6.1　2005—2016 年中国铟价走势

数据来源：Wind 数据。

大家可能会注意到，鑫联环保过去几年的收入水平除了 2015 年以外都在大幅提高，但是净利润水平基本保持在 4000 万元左右。这也是这个行业的一个特点，就是要不停地投向固定资产，新建厂区，来获得新的增长动力。不然，单靠已有产能想要让收入上升至新高度，除非下游商品价格暴涨，否则难以保证业绩增长。

研究行业要学会举一反三、触类旁通，再生资源回收这个行业的一些特点，同样可以适用于其他的重资产行业。例如，投资人要投资一家钢铁厂，这基本上属于重资产甚至超重资产行业，面临巨额的折旧压力，它的下游产品的价格同样是波动的，通过极端情形测算，基本可以知道这家企业未来最差的情况是怎么样的，做到心中有数。

说实话，笔者在第一次接触再生资源回收这个行业的时候，就对这个领域特别感兴趣，认为这是近乎“完美”的行业：符合政策方向，直击当前环保痛点，两头赚钱，不愁没有客户，具有区域排他性，最关键的是很受资本市场青睐，等等。但是当深入了解后发现，天下真没有什么完美的行业，即使有，价格也早就“上天”了。再生资源回收产业还有非常多的细分领域，它们的下游再生品的销售模式也不完全相同，难度也各异。如有的企业是回收塑料，然后制成再生塑料制品用于户外公共设施，如公共板凳、景区的塑料地板等，它们的销售模式就是走市政工程招投标路线，销售难度也明显高于那些有色金属、稀土元素回收的企业。笔者之前见过一家回收塑料的企业，老板一直想找个有市政背景资源的投资方，原因很简单，他说他生产了一仓库再生塑料卖不掉。如果想要投资这样的企业，除非能帮他们解决销售瓶颈，否则想要爆发式地增长很难。

第五节　行业资料获取

相信这是读者比较感兴趣的章节。前面虽然讲了几个行业，但受篇幅的限制，多是蜻蜓点水式地讲一些业内“干货”，要想深入了解一个行业的情况，光看上文的内容肯定是不行的，因此在这个章节里，笔者特意安排了寻找行业报告尤其是免费报告的方法。

大家有没有这种感触：当在搜索引擎里搜索某个行业报告时，会搜索出售价动辄七八千的行业报告，看着免费展示出来的报告目录，其中恰好有自己最感兴趣的板块，然而囊中羞涩，舍不得花这笔钱，最后只能去百度文库里碰碰运气，找寻一些已经过期的报告将就一下。本章节就是为解决这个痛点而设。

一、“两书”报告

这里的“两书”是指企业在 A 股 IPO 时的招股说明书和企业在新三板挂牌时的公开转让说明书。“两书”中基本都有对企业所处行业的一个阐述，包括行业特性、主要技术、业内主要竞争对手、政策、同业商业模式等，这些都是公开的资料。如果公司是A股上市公司，则可以通过网络搜索“公司名称+招股说明书”关键词来获得该报告；如果公司是新三板挂牌企业，则可以通过搜索“公司名称+公开转让说明书”来获取。有人可能会问，你怎么知道这个公司是你要查询那个行业的？这就需要提前查找好这个行业里有哪些新三板或上市企业，然后再查询该企业的股转书。

一般来讲，A股上市公司的招股说明书的质量要优于新三板企业的公开转让说明书，其实可以理解，A股IPO的辅导费和新三板的挂牌费完全就是两个级别。虽然新三板企业的股转书质量略逊一筹，但是毕竟新三板企业数量多，且大多为近两年挂牌的企业，多少会涵盖你要寻找的行业。

二、券商报告

虽然笔者常和朋友开玩笑说，券商报告笔下就没有不好的行业，但毕竟券商报告上的数据来源还是比较可靠的，至于对行业的判断，还是要根据现实行业的真实情况去判断，这就需要多跑跑业内代表性的企业，了解一下它们运营的情况。券商报告一般更侧重于业内龙头企业，通过阅读券商报告，可以较好地了解这个行业里龙头企业的情况。

券商报告的来源有几个：

（1）提供免费券商报告的网站：如 www. ipoipo. cn 和 www. 767stock. com；

（2）报告分享的微信群，如起点财经；

（3）慧博智能策略终端。

三、第三方研究报告

市面上有很多第三方机构提供免费的行业报告，这也是一个获取行业报告的有效途径，如表 6.3 所示。

表 6.3 第三方机构行业报告

网站	报告链接网址	行业分类	报告来源
199IT	http：//www. 199it. com	TMT	转载
CNNIC 中国互联网络信息中心	http：//www. cnnic. cn/hlwfzyj/hl-wxzbg/	互联网	原创
阿里研究院	http：//www. aliresearch. com/blog/in-dex/lists/tag/3831. html	TMT	原创、转载
艾媒网	http：//www. iimedia. cn/#shuju	TMT	原创
艾瑞咨询	http：//www. iresearch. com. cn/report/	综合	原创
贝恩咨询	http：//www. bain. cn/news. php？ act = list&tid = 15	综合	原创
Linkedin 行业洞察	https：//business. linkedin. com/zh - cn/talent - solutions/recruiting - resources - tips	HR	原创
微博行业报告	http：//data. weibo. com/report/report	TMT	原创
企鹅智酷（腾讯）	http：//re. qq. com/	TMT	原创
普华永道（PWC）	https：//www. strategyand. pwc. com/cn - s/home/what - we - think/reports	综合	原创
国家信息中心	http：//www. sic. gov. cn/Column/250/0. htm	综合	原创
易观智库	https：//www. analysys. cn/	综合	原创
艺恩	http：//www. entgroup. com. cn/re-search/bg. aspx	TMT	原创

思考问题：

1. 产业投资与财务投资各有哪些不同的特点？
2. 投资前的行业分析应注意哪些要点？
3. 重资产行业的投资应当注意哪些风险？
4. 行业资料可以从哪些渠道获取？
5. 投资者如何选择合适的行业？

第七章
PE基金监管须知

杨帆[1]

① 杨帆(女),专业领域:合规风控、基金管理。

第一节　我国私募股权基金监管主体

我国私募股权投资基金的参与主体主要包括基金投资人、基金管理人、基金服务机构、政府监管机构和行业自律组织。政府监管机构和行业自律组织是我国私募股权基金监管的主要机构和组织，其与履行司法监督职能的机构共同构成我国私募股权基金监管的主体。三类监管机构在监管力度和范围上有所不同，行业自律组织是指中国证券投资基金业协会（以下简称“基金业协会”），基金业协会通过制定自律规则进行监管，虽监管范围广，但通常没有法律上的强制执行力；政府监管机构是指中国证券监督管理委员会（以下简称“证监会”），其以行政监管及行政处罚作为主要监管手段，包括责令改正、监管谈话、出具警示函、公开谴责等；履行司法监督职能的机构主要是公安部门、检察院、法院，其通过刑事程序对严重违反法律规定的行为进行监管。三类监管机构各司其职、有效互补，形成了我国私募股权基金监管的多层次体系。三类监管主体情况如表 7.1 所示。

表 7.1　私募股权基金监管主体

监管主体	监管范围	法规依据
行业自律组织（基金业协会）	机构登记、产品备案、机构和人员的行为诚信记录、制定和实施行业自律规则等	自律规则（募集、信批、内控、合同指引等）
政府监管机构（证监会）	未登记机构开展私募业务；私募基金公开宣传推介行为；向非合格投资者募集行为等违法违规行为	《中华人民共和国证券投资基金法》 《中华人民共和国信托法》 《中华人民共和国证券法》 《私募投资基金监督管理暂行办法》
司法监管机构（公安部门、检察院、法院）	虚假陈述、利益输送、欺诈、非法集资、内幕交易、操纵市场等刑事犯罪案件	《中华人民共和国刑法》 《证券法》 《证券投资基金法》

各国对私募类股权投资基金一般都会采取有限监管，即“行业自律基础上的政府适度监管”，这样既实现了保护投资者合法权益、防范系统性金融风险的目标，又不影响基金市场主体的活力。

一、行业自律组织

在我国，根据《证券投资基金法》、中央机构编制委员会办公室以及证监会的授权，基金业协会依法对股权投资基金业进行行业自律，提供行业服务，促进行业发展。基金业协会积极开展私募基金的登记备案和自律管理工作，初步形成了行业秩序，逐步树立了私募基金行业的自律管理体系，为行业的健康、良好发展提供了重要的制度和数据基础。基金业协会自律监管流程如图 7.1 所示。

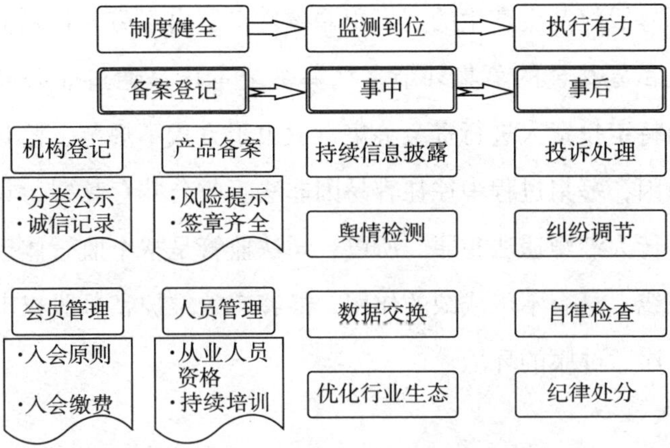

图 7.1　基金业协会自律监管流程

二、政府监管机构

证监会及其派出机构，作为基金业协会的上级单位，依法对基金管理人和市场服务机构开展股权投资基金业务实施监督管理，对违法违规行为进行查处。

其中，证监会已先后于 2014 年、2015 年、2016 年、2017 年组织各地证监局开展了四次大规模的私募基金现场检查活动。针对事中、事后检查中发现的问题，证监会、各证监局视具体情况分别采取行政监管措施、行政处罚、移送司法机关以及交由基金业协会采取自律管理措施等处理方式。

三、司法监管机构

相比监管严格的公募基金，私募股权基金的特性在赋予其生命力的同时，也带来了很多问题，其繁华表面的背后乱象丛生，围绕私募股权基金产生的刑事犯罪事件也层出不穷。特别值得关注的是私募基金的募集环节，私募基金本该是通过非公开的方式，向特定投资人进行资金募集，但由于方式不规范、监管不到位等原因，募集过程中往往容易因非法吸收公共存款罪、集资诈骗罪等行为涉嫌违法犯罪。所以，司法监管是整个监管体系中的最后底线，具有不可或缺的作用，能够有效维护私募股权市场正常、有序、健康的环境。

第二节　私募股权基金监管规范体系

在中国私募股权基金行业近30年的快速发展中，活力和风险并存，在其灵活性、高增长性为人津津乐道的同时，违约兑付、跑路事件、内幕交易、欺诈，特别是以私募基金为名的非法集资案件也时有发生。这不仅给投资者造成了巨大的经济损失，也严重损害了行业声誉，破坏了市场秩序。

所以，自2014年以来，证监会连同基金业协会对私募股权基金进行了全方位监管，特别是2016年、2017年，基金业协会针对私募股权基金行业出台了一系列的“严打”措施，详细、具体地规定了私募股权基金实操的各主要方面，包括私募管理人备案、风险控制、信息披露、基金合同、投后管理、托管、外包、从业人员等，让企业和从业人员真正有章可循，同时提高了行业门槛，进一步减少了行业内不规范现象的存在。

私募股权投资基金直接相关规范性文件按实施生效时间排序，如表7.2所示。

表 7.2 私募股权投资基金直接相关规范性文件

序号	名称	制定单位	生效日期
1	《中华人民共和国公司法》(以下简称《公司法》)	全国人民代表大会常务委员会	2014 年 3 月 1 日（2013 修正）
2	《中华人民共和国合伙企业法》（以下简称《合伙企业法》）		2007 年 6 月 1 日
3	《中华人民共和国证券投资基金法》（以下简称《证募投资基金法》）		2015 年 4 月 24 日（2015 修正）
4	《私募投资基金管理人登记和基金备案办法（试行）》	中国证券投资基金业协会	2014 年 2 月 7 日
5	《私募投资基金监督管理暂行办法》	中国证券监督管理委员会	2014 年 8 月 21 日
6	《私募投资基金管理人内部控制指引》	中国证券投资基金业协会	2016 年 2 月 1 日
	《私募投资基金管理人内部控制指引》起草说明		
7	《私募投资基金信息披露管理办法》		2016 年 2 月 4 日
	《私募投资基金信息披露管理办法》起草说明		
	《私募投资基金信息披露内容与格式指引 2 号》适用于私募股权（含创业）投资基金		2016 年 11 月 14 日
8	《关于进一步规范私募基金管理人登记若干事项的公告》		2016 年 2 月 5 日
9	《私募投资基金募集行为管理办法》		2016 年 7 月 15 日
	《私募投资基金募集行为管理办法》起草说明		
	《私募投资基金投资者风险问卷调查内容与格式指引（个人版）》		
	《私募投资基金风险揭示书内容与格式指引》		

续表

<table>
<tr><th>序号</th><th>名称</th><th>制定单位</th><th>生效日期</th></tr>
<tr><td>10</td><td>《私募投资基金合同指引 3 号（合伙协议必备条款指引）》</td><td rowspan="6">中国证券投资基金业协会</td><td rowspan="4">2016 年 7 月 15 日</td></tr>
<tr><td>11</td><td>私募投资基金合国指引 1 号（契约型私募基金合国内容与格式指引）</td></tr>
<tr><td rowspan="2">12</td><td>《私募投资基金合同内容与格式指引》</td></tr>
<tr><td>私募投资基金合同指引 2 号（公司章程必备条款指引）</td></tr>
<tr><td>13</td><td>《基金募集机构投资者适当性管理实施指引（试行）》</td><td>2017 年 6 月 28 日</td></tr>
<tr><td>14</td><td>《私募投资基金非上市股权投资估值指引（试行）》</td><td>2018 年 7 月 1 日</td></tr>
</table>

第三节　私募股权基金监管要点

私募股权基金的生命周期四阶段分别是募集、投资、管理和退出。证监会和基金业协会自 2014 年开始发布了一系列法律法规、自律规则，重点规范了设立筹备、登记备案、募集行为、内控控制、信息披露等环节，初步搭建了可以覆盖私募股权基金生命周期的监管网络。以下重点从设立筹备、备案管理、募集行为、内控控制、信息披露五个方面详细阐述。

一、设立筹备

新设私募股权基金的筹备、组建是一件非常系统、基础且重要的工作，正所谓“千里之行，始于足下”。在这个阶段，需将未来基金运营的基本框架搭建起来，而基金运营所涉各项重要制度、利益分配、风险管控以及管理团队成员之间的协调平衡都是需要重点考虑的事项。

（一）组织形式

基金设立的第一件事就是要选择组织形式。从监管的角度看，我国现行监管法规规定基金管理人应依法自主选择基金及基金管理公司的组织形式。

组织形式的选择需与基金的实际运作需求紧密相关，组织形式的不同会产生不同的参与主体，以及主体间权利义务关系的安排、内部组织机构的设置等问题。目前，我国私募股权投资基金主要采用公司制、信托制和有限合伙制三种组织形式，其组织形式对比如表 7.3 所示。

表 7.3　不同组织形式的私募股权基金简要对比

	信托制私募基金	公司制私募集锦	有限合伙制私募基金
主要法律适用	《信托法》	《公司法》	《合伙企业法》
法律关系	合同关系	股东关系	合伙关系
基金管理	委托管理	自我管理和委托管理	普通合伙人管理和委托管理
分配机制	灵活、合同约定	同股同权	灵活、合伙协议约定
税收机制	先分后税，基金不作为纳税主体	先税后分，基金作为纳税主体	先分后税，基金不作为纳税主体
合作投资人数	不超过 200 人	有限公司不超过 50 人，股份公司不超过 200 人	不超过 50 人
IPO 主体资格	IPO 时主体资格不被认可	IPO 时主体资格被认可	IPO 时主体资格被认可
特点	管理规范、比较灵活	管理规范	灵活高效、超强激励

公司制私募股权基金是指以公司形式存在的投资基金，其设立和运行的主要法律依据是 2005 年修订的《公司法》和 2006 年 3 月 1 日施行的《创业投资企业管理暂行办法》。信托制私募股权基金是以信托公司作为基金的管理人，其设立和运行的监管主

要参照《信托公司私人股权投资信托业务操作指引》。

有限合伙制私募股权基金就是由普通合伙人和有限合伙人共同组建私募基金，其设立和运行适用的主要法律是《合伙企业法》。

在有限合伙制私募股权基金中，有限合伙人（LP）提供基金所需的大部分资金，并以其认缴的出资额为限对合伙企业债务承担责任；普通合伙人（GP）少量出资或不进行货币出资（我国《合伙企业法》允许普通合伙人以劳务出资；但按照国际惯例，普通合伙人一般按1%的比例对基金进行少量出资），并对合伙企业债务承担无限连带责任。此外，普通合伙人可选择自己担任基金管理人或委托外部专业的基金管理机构担任基金管理人具体负责基金的投资运作，如果委托，这里还会涉及第三个主体——基金管理人，基金管理人的作用将在后文详述。

相较于其他两种组织形式，有限合伙制度具备资合与人合的特征、独立的主体资格、扁平化的管理体制、灵活的退出机制、避免双重征税的税收待遇等特点，在制度设计上更具有灵活性，可以较好地满足风险投资与集合资产管理的需求（如无特别说明，本章节所指的基金都是指有限合伙制私募股权基金）。

（二）基金构架

1. 普通合伙人（GP）怎么来？

我国《合伙企业法》第二条规定："有限合伙企业由普通合伙人和有限合伙人组成，普通合伙人对合伙企业债务承担无限连带责任，有限合伙人以其认缴的出资额为限对合伙企业债务承担责任。”第六十一条规定：“有限合伙企业至少应当有一个普通合伙人”，所以，一个有限合伙制基金应至少有一个 GP 和一个 LP，且 GP 需要承担无限连带责任。那什么样的法律主体可以做 GP 呢？

《合伙企业法》第三条规定：“国有独资公司、国有企业、上市公司以及公益性的事业单位、社会团体不得成为普通合伙人。”

据此禁止性条款可推知，除国有独资公司、国有企业、上市公司以及公益性的事业单位、社会团体之外，其他主体都可以成为 GP，如非国有独资公司、合伙企业、自然人等。

此外，由于 GP 需要承担无限连带责任，看上去责任重大。其实有一种组织形式较为合适，可以有效降低风险，那就是有限责任公司。有限责任公司仅需以注册资本为限承担有限责任，所以作为基金的 GP，有限责任公司需承担无限连带责任，而在有限责任公司内部，各个股东以各自认缴的注册资本为限对有限责任公司承担相应的责任，可以有效规避各股东在基金层面需要承担的无限连带责任（本章如无特别说明，凡论及的 GP 都是有限责任公司形式，如图 7.2 所示）。

需要说明的是，在有限合伙制基金中，普通合伙人、执行事务合伙人、基金管理人可以是同一主体，也可以分别由不同的主体担任（如存在多名普通合伙人但仅一人担任执行事务合伙人，以及执行事务合伙人委托合伙人以外的主体担任基金管理人等情

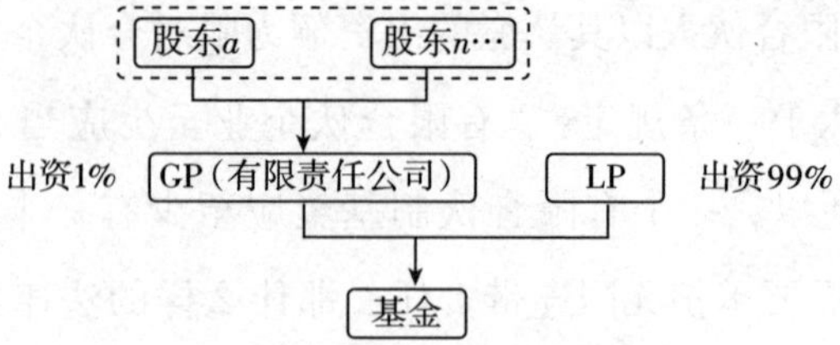

图 7.2　GP 为有限责任公司时的基金架构

况，执行事务合伙人必须为普通合伙人），为方便表述，除非引用的内容已有明确指代，本书以“基金管理人”同时指代承担普通合伙人、执行事务合伙人及基金管理人义务与职责的主体。

2. 有限合伙人（LP）怎么找？

GP 的问题解决了，那么只出钱不干事的 LP 上哪儿找呢？

《暂行办法》第十一条规定：“私募基金应当向合格投资者募集，单只私募基金的投资者人数累计不得超过《证券投资基金法》《公司法》《合伙企业法》等法律规定的特定数量。投资者转让基金份额的，受让人应当为合格投资者且基金份额受让后投资者人数应当符合前款规定。”

“第十二条　私募基金的合格投资者是指具备相应风险识别能力和风险承担能力，投资于单只私募基金的金额不低于 100 万元且符合下列相关标准的单位和个人：

“（一）净资产不低于1000 万元的单位；

“（二）金融资产不低于 300 万元或者最近三年个人年均收入不低于 50 万元的个人。前款所称金融资产包括银行存款、股票、债券、基金份额、资产管理计划、银行理财产品、信托计划、保险产品、期货权益等。”

“第十三条　下列投资者视为合格投资者：

“（一）社会保障基金、企业年金等养老基金，慈善基金等社会公益基金；

“（二）依法设立并在基金业协会备案的投资计划；

“（三）投资于所管理私募基金的私募基金管理人及其从业人员；

“（四）证监会规定的其他投资者。

“以合伙企业、契约等非法人形式，通过汇集多数投资者的资金直接或者间接投资于私募基金的，私募基金管理人或者私募基金销售机构应当穿透核查最终投资者是否为合格投资者，并合并计算投资者人数。但是，符合本条第（一）、（二）、（四）项规定的投资者投资私募基金的，不再穿透核查最终投资者是否为合格投资者和合并计算投资者人数。”

由此可见，基金的 LP 主体虽有所限制，但依然是比较宽泛的，可以是单位、自然人、养老基金，社会公益基金、信托、合伙企业等，只要符合上述条件的都可以成为 LP。具体内容会在“募集资金”的章节里介绍。

3. 基金管理人的委托管理是多余的吗？

这里为什么提出这个问题？因为其实已在基金业协会成功备案、获得基金管理人资质的 GP 完全可以自己作基金管理人，新设或者接手已备案的基金，直接赚取管理费和超额收益。但是，也可能出现其他情况，如 GP 本身没办法通过基金业协会针对基金管理人资质的审核；或者即便 GP 有基金管理人资格，但在某个基金产品筹备时，发现了其他比自己更优秀、对目标行业更为敏感和专业的基金管理人团队；又或者只是出于战略考虑，需要规避风险等。所以即便有了 GP，也还是出去另外找基金管理人的情况也不少。

从上述内容可知，GP 和 LP 是基金的所有权人。如果 GP 作基金管理人，那么基金管理层就只有 GP 和 LP；如果 GP 另外聘请了基金管理人，就形成 GP、LP 和基金管理人的三方格局，GP 和 LP 还是基金的所有权人，而基金则管理人与基金是一种委托管理的关系（见图 7.3）。

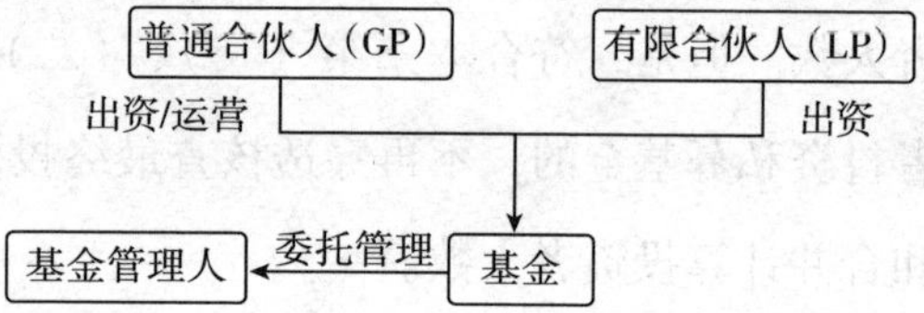

图 7.3　普通合伙人、基金管理人与基金的关系

对于基金管理人的法律主体形式，《暂行办法》第七条规定：“各类私募基金管理人应当根据基金业协会的规定，向基金业协会申请登记，报送以下基本信息：（一）工商登记和营业执照正副本复印件；（二）公司章程或者合伙协议；（三）主要股东或者合伙人名单；（四）高级管理人员的基本信息；（五）基金业协会规定的其他信息。基金业协会应当在私募基金管理人登记材料齐备后的 20 个工作日内，通过网站公告私募基金管理人名单及其基本情况的方式，为私募基金管理人办结登记手续。”

由这个“公司章程或者合伙协议”可以获知，基金管理人的主体形式被局限在公司制和合伙企业，又由于合伙企业会有无限连带责任的问题，所以一般情形下都是采用公司制，特别是有限责任公司。

本质上，基金管理人与私募股权基金（最终追溯至基金的出资人）之间是一种契约关系，基金管理人受托管理基金财产，为基金赚取预期直至超额利润；基金向管理人支付日常运营的基本费用即管理费，当基金实现预期或超额利润时向管理人支付业绩报酬。

4. 公司不能只是个“壳”，得“五脏俱全”才行！

为什么设立基金？想要做得好、做得稳，类似基金管理方式、战略规划、投资范围、投资策略、投资方向等这些看似虚实则强的东西不能没有。通常情况下，这些均由基金管理人和投资者共同商定，并在基金合同中明确列示。格局和眼界决定一切，对个人和企业都是一样。想达到什么样的目的，更看重哪方面的资源，自身优劣势是什么，可以采取什么样的措施去扬长避短，这些不能走着看，而是要在一开始就有较为确定的思路和想法。基金确立了方向和策略，有了自己的灵魂，才能更好地在资本市场的“腥风血雨”里越挫越勇，拥有自己的一方天地。

其次，在基金运作的整个流程里，每个环节都非常重要，需要内部制定和设立相关规定和机构，以确保程序合规、结果合法。一般来说，有合伙人会议、专家委员会、投资决策委员会等（见图7.4）。

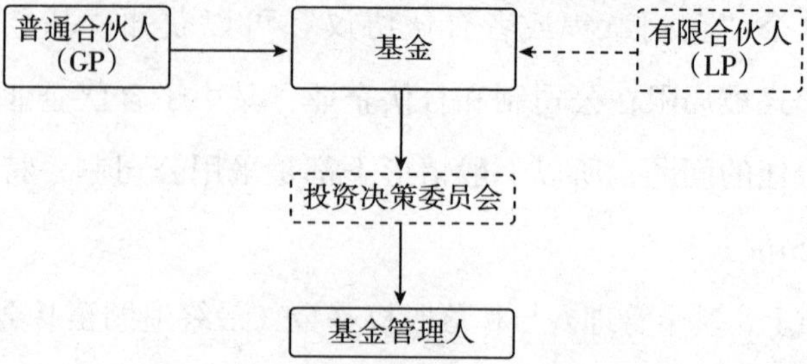

图 7.4　基金的内部机构设置

（三）团队组建

基金的运营管理是一项责任重大、专业化要求很高的工作，需要高水准的管理团队全身心投入。2014 年 2 月 7 日出台的《私募投资基金管理人登记和基金备案办法（试行）》要求私募基金高级管理人员应当取得基金从业资格，诚实守信，最近三年没有重大失信记录以及未被中国证监会采取市场禁入措施等。

此外，基金从业人员，特别是高级管理人员的从业资质应当通过基金从业资格考试或者认定的方式取得，并且禁止为完成登记备案寻找具备基金从业资格的外部人员进行“挂靠”，否则将视情况严肃处理。

（四）合同设计

在有限合伙型基金中，普通合伙人、有限合伙人及基金管理人通过合伙协议、委托管理协议等一系列协议，约定相关的权利和责任，同时也对基金运作的相关事宜进行事先规范。

基金业协会为了更好地规范和统一，发布了《私募投资基金合同指引1－3号》，即私募投资基金合同指引1号（契约型私募投资基金合同内容与格式指引）、私募投资基金合同指引2号（公司章程必备条款指引）、私募投资基金合同指引3号（合伙协议必备条款指引）。其中，私募投资基金合同指引3号（合伙协议必备条款指引）专门适用于有限合伙制私募股权基金的合伙协议制定，主要规定了合伙型基金合伙协议的必备条款，如图7.5所示。

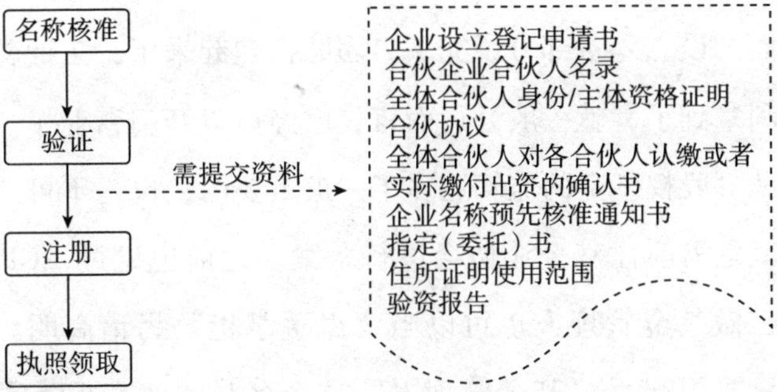

图7.5　有限合伙基金工商登记流程

（五）工商注册

根据《合伙企业法》的相关规定，设立有限合伙企业应当具备下列条件：①有限合伙企业由2个以上50个以下合伙人设立，但是法律法规另有规定的除外；有限合伙企业至少应当有1个普通合伙人；②有书面合伙协议；③有限合伙企业名称中应当标明“有限合伙”字样；④有合伙人认缴或者实际缴付的出资：有限合伙人可以用货币、实物知识产权、土地使用权或者其他财产权利作价出资，但有限合伙人不得以劳务出资；⑤有生产经营场所；⑥法律法规规定的其他条件。

有限合伙型基金在进行工商登记时，应根据《合伙企业法》《合伙企业登记管理办法》以及各地工商机关的具体要求，由全体合伙人指定的代表或者共同委托的代理人向企业登记机关申请，完成名称预先核准、验资、注册、执照领取等环节，部分需要前置审批的地区还会涉及地方金融办。

二、备案管理

前面的设立筹备部分说完了，团队搭建起来了，工商营业执照也顺利拿到了，就一般公司而言，已经可以开门营业了。但是国家对私募股权基金的监管还多了一道重要的，也是不可或缺的步骤，就是需前往基金业协会进行备案。之前也说过，GP 可以选择自己做基金管理人也可以当“甩手掌柜”另请高明。不管谁做，只要担起了“基金管理人”这个名号，就都得乖乖去基金业协会按照一系列的流程提供材料，进行备案登记。

《证券投资基金法》《私募投资基金管理人登记和基金备案办法（试行）》《暂行办法》《关于进一步规范基金管理人登记若干事项的公告》以及基金业协会 2014—2017 年陆续发布的《私募基金登记备案相关问题解答（一）》~《私募基金登记备案相关问题解答（十四）》，基本构成了私募股权基金登记备案的完整规则体系，基金业协会对基金管理人主体的有效性、强制备案、专业化经营等多个方面都提出了严格又具体的要求，并且还在不断更新。由此可见，国家对备案管理工作非常重视，希望能从源头把控，尽可能减少非法违规现象的发生，促进行业的稳定、健康发展。

这里的备案可以分为两类：一是基金管理人备案，是指在中国境内开展各类非公开募集的基金管理业务，均需在基金业协会登记成为基金管理人后，方可进行基金募集等基金运作；二是基金备案，基金成立后，基金管理人应当对基金进行备案。请大家在看下述章节内容时注意区分。

（一）基金管理人备案

1. 备案方式

基金管理人备案需通过基金业协会的资产管理业务综合报送平台提交相关材料或信息。其间，基金业协会可以通过约谈高级管理人员，现场检查，向证监会及其派出机构、相关专业协会征询意见等方式对基金管理人提供的登记申请材料进行核查。具体流程如图 7.6 所示。

2. 准备材料

申请基金管理人登记通常应提交以下材料或信息：

（1）工商登记、营业执照正副本复印件；

（2）公司章程或合伙协议；

（3）主要股东或合伙人名单；

（4）高级管理人员基本信息；

（5）基金管理人基本内控制度；

（6）法律意见书；

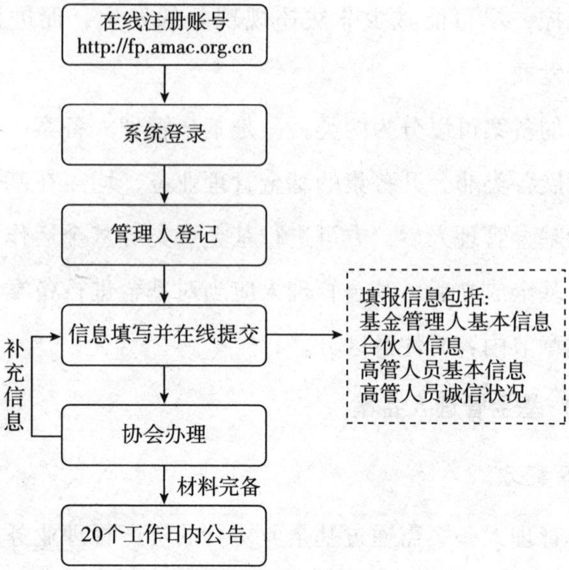

图7.6　基金管理人登记流程

（7）基金业协会要求提交的其他材料。

3. 备案要求

（1）主体资格

基金管理人只能为依法设立的公司或者合伙企业，自然人不能登记为基金管理人。

（2）及时性

有关时效性的相关规定包括但不限于以下：

基金管理人取得营业执照后，在进行基金募集前，应当及时向基金业协会进行登记，未经登记，不得进行基金的募集。

登记申请材料如有不完整或者不符合规定的，基金管理人应当根据基金业协会的要求及时补正。

申请登记期间，登记事项如果发生重大变化，如基金管理人变更控股股东、实际控制人、法定代表人或者执行事务合伙人等，管理人应当在完成工商变更登记后的10个工作日内，通过资产管理业务综合报送平台向基金业协会进行重大事项变更。

如基金管理人在办结登记手续之日起6个月内仍未备案首只私募基金产品的，基金业协会将注销该基金管理人的登记。

各类私募基金募集完毕后的20个工作日内，基金管理人应对所募集的基金进行备案。

（3）信息报送的真实性、准确性、完整性、合规性

基金管理人进行管理人登记和基金备案时，应当按照相关法律法规和基金业协会的要求报送信息，所报送信息的形式和内容应符合法律、法规和自律规则的规定。材料需真实、准确、完整和有效，不得虚构、捏造、伪造不实或已无效的信息进行填报。

（4）专业化经营

基金管理人应当坚持专业化管理原则，符合专业化经营要求，包括但不限于以下方面：

1）基金管理人的名称和经营范围中应当包含“基金管理”“投资管理”“资产管理”“股权投资”“创业投资”等与基金投资管理业务相关的字样；

2）基金管理人的主营业务应为私募基金管理业务，不得兼营与私募基金无关的业务；

3）同一基金管理人不可兼营多种类型的基金管理业务。基

金管理人在申请登记时应当在“私募证券投资基金管理人”“私募股权、创业投资基金管理人”等机构类型，以及与机构类型关联对应的业务类型中，仅选择一类机构类型及业务类型进行登记；基金管理人只可备案与本机构已登记业务类型相符的私募基金，不可管理与本机构已登记业务类型不符的私募基金。

(5) 运营基本设施和条件

基金管理人应当具备开展基金管理业务的从业人员和实际的经营场所，其从业人员的人数应当与其内部机构的设置和内控制度相匹配，并且应当具备相应数量的专职的高管人员。另外，基金管理人应当具备充足的资本金，以维持一定期间内的基金管理人的人员工资、办公开支、租赁费用等运营费用支出。

(6) 法律意见书

基金业协会要求基金管理人在向基金业协会申请基金管理人登记或重大事项变更时，应当向基金业协会提交关于登记或重大事项变更的法律意见书。法律意见书应对申请机构的登记申请材料、工商登记情况、专业化经营情况、股权结构、实际控制人、关联方及分支机构情况、运营基本设施和条件、风险管理制度和内部控制制度、外包情况、合法合规情况、高管人员资质情况等逐项发表结论性意见。

(二) 基金产品备案

1. 备案材料

基金产品的备案，应向基金业协会报送以下材料：

（1）基金主要投资方向及基金类别；

（2）基金合同、公司章程或合伙协议；

（3）如用委托管理方式，应报送委托管理协议；

（4）如有委托托管机构托管基金财产，应报送托管协议；

（5）基金业协会规定的其他信息。

2. 备案成功及公示

基金备案材料完整并符合要求的，基金业协会应当自收齐备案材料之日起20个工作日内，通过网站公示股权投资基金基本情况，为股权投资基金办理备案手续。网站公示的股权投资基金基本情况主要包括：股权投资基金的名称、成立时间、备案时间、主要投资领域、基金管理人及基金托管人等基本信息。

但需要注意的是，基金产品备案成功不代表基金业协会对基金管理人投资能力、持续合规情况的认可，也不能作为对基金财产安全的保证。基金管理人在登记备案后应按照相关规定继续合规运营，按时报送信息，严格履行管理人的职责，保障基金财产的独立性和安全性。

三、募集行为

资金的募集是整个基金管理的起点，也是后续投资管理的基础。以保护投资者利益和风险控制为核心的私募股权基金监管制度，要求基金的募集阶段应“向合格投资者募集”“卖者尽责”“买者自负”。“向合格投资者募集”即只向符合条件的合格投资者募集；“卖者尽责”即需尽到充分信息披露的诚信义务，做到充分尊重投资者意愿，引导理性投资；“买者自负”即买者有能力买，且完全自愿，对拟进行的交易背景、交易细节、风险收益特征等有充分了解，如此方能保证投资者买的意思表示真实。

这里主要依据基金业协会颁布的《私募投资基金募集行为管理办法》（以下简称《募集管理办法》）进行规范。《募集管理办法》共分为七章，合计四十四条，主要从募集办法的适用范围、私募基金募集的一般规定、特定对象的确定、推介行为、合格投资者确认及基金合同签署等方面进行自律管理，体现了私募基金募集活动的自律监管框架。

（一）前提要求

1. 明确合法募集主体

可从事股权投资基金募集行为的合格主体主要有两类：①在基金业协会办理私募基金管理人登记的机构可自行募集其设立的私募基金；②在中国证监会注册取得基金销售业务资格并已成为中国基金业协会会员的机构（以下简称销售机构）可以受私募基金管理人的委托募集私募基金。在委托募集之前，私募基金管理人应当与销售机构签订书面基金销售协议，并将协议中关于私募基金管理人与基金销售机构权利义务划分以及其他涉及投资者利益的部分作为基金合同的附件。但需要注意的是，委托募集并不能豁免基金管理人依法应承担的责任。

实践中募集的主体主要包括：①证券公司、私募基金公司等金融机构法人；②一般企事业单位等非金融机构法人；③自然人。

2. 明确合格投资者标准

合格投资者的规定是股权投资基金监管制度的核心内容之一。其中，具备相应风险识别能力和风险承担能力、投资金额不低于规定限额、资产规模或者收入水平达到一定要求，是合格投资者必备的三个要素。

（1）具体标准

投资于单只私募基金的金额不低于100万元且符合下列相关标准的机构和个人：净资产不低于1000万元的机构和金融资产不低于300万元或者最近三年个人年均收入不低于50万元的个人。前款所称金融资产包括银行存款、股票、债券、基金份额、资产管理计划、银行理财产品、信托计划、保险产品、期货权益等。而下列投资者视为合格投资者：

1）社会保障基金 、企业年金等养老基金、慈善基金等社会公益基金；

2）依法设立并在中国基金业协会备案的私募基金产品；

3）受国务院金融监督管理机构监管的金融产品；

4）投资于所管理私募基金的私募基金管理人及其从业人员；

5）法律法规、中国证监会和中国基金业协会规定的其他投资者。

这里同时应注意，单只私募基金的投资者人数累计不得超过《证券投资基金法》《公司法》《合伙企业法》等法律规定的特定数量，即有限公司股东 2～50 人，合伙企业 50 人以下。

（2）合格投资者认定方式

在完成私募基金风险揭示后，募集机构应当要求投资者提供必要的资产证明文件或收入证明。

募集机构应当合理审慎地审查投资者是否符合私募基金合格投资者标准，依法履行反洗钱义务。募集机构还应当确保投资者已知悉股权投资基投资条件，投资者应当书面承诺其为自己购买股权投资基金。

3. 募集结算资金专用账户与监督协议

（1）开立募集结算资金专用账户

该账户用于统一归集私募基金募集结算资金、向投资者分配收益、给付赎回款项以及分配基金清算后的剩余基金财产等，确保资金原路返还。

（2）与监督机构签署账户监督协议

募集机构还应当与监督机构签署账户监督协议，明确对私募基金募集结算资金专用账户的控制权、责任划分及保障资金划转安全的条款。

取得基金销售业务资格的商业银行、证券公司等金融机构，可以在同一私募基金的募集过程中同时作为募集机构与监督机构。但应当建立完备的防火墙制度，防范利益冲突。

私募基金管理人应当向中国基金业协会报送私募基金募集结算资金专用账户及其监督机构信息。

（二）募集程序

1. 特定对象确定

募集机构应当向特定对象宣传推介私募基金。未经特定对象确定程序，不得向任何人宣传、推介私募股权基金。

确定流程要求如下：①应当采取问卷调查等方式履行特定对象确定程序，对投资者的风险识别能力和风险承担能力进行评估；②投资者应当以书面形式承诺其符合合格投资者标准。具体格式内容参考《私募投资基金投资者风险问卷调查内容与格式指引（个人版）》。

募集机构对投资者进行风险评估的结果的有效期不得超过3年，逾期需要重新评估，但投资者持有同一股权投资基金产品超过3年的情形除外。

募集机构进行线上募集，也应当履行特定对象确定程序。

2. 基金推介

私募基金推介材料内容包括但不限于：

①私募基金的名称和基金类型。②私募基金管理人名称、私募基金管理人登记编码、基金管理团队等基本信息。③中国基金业协会私募基金管理人以及私募基金公示信息（含相关诚信信息）。④私募基金托管情况（如无，应以显著字体特别标注）、其他服务提供商（如律师事务所、会计师事务所、保管机构等），是否聘用投资顾问等。⑤私募基金的外包情况。⑥私募基金的投资范围、投资策略和投资限制概况。⑦私募基金收益与风

险的匹配情况。⑧私募基金的风险揭示。⑨私募基金募集结算资金专用账户及其监督机构信息。⑩投资者承担的主要费用及费率、投资者的重要权利（如认购、赎回、转让等限制、时间和要求等）。⑪私募基金承担的主要费用及费率。⑫私募基金信息披露的内容、方式及频率。⑬明确指出该文件不得转载或给第三方传阅。⑭私募基金采取合伙企业、有限责任公司组织形式的，应当明确说明入伙（股）协议不能替代合伙协议或公司章程。这说明根据《合伙企业法》或《公司法》，合伙协议、公司章程依法应当由全体合伙人、股东协商一致，以书面形式订立。申请设立合伙企业、公司或变更合伙人、股东的，应当向企业登记机关履行申请设立及变更登记手续。⑮中国基金业协会规定的其他内容。

私募基金推介材料应由私募基金管理人制作并使用。私募基金管理人应当对私募基金推介材料内容的真实性、完整性、准确性负责。除私募基金管理人委托募集的基金销售机构可以使用推介材料向特定对象宣传推介外，其他任何机构或个人不得使用、更改、变相使用私募基金推介材料。

3. 投资者风险等级划分

投资者分为专业投资者和普通投资者，未对投资者进行分类的，要履行普通投资者适当性义务。符合《证券期货投资者适当性管理办法》第八条要求的投资者为专业投资者，专业投资者之外的，符合法律、法规要求，可以从事基金交易活动的投资者为普通投资者。基金募集机构对普通投资者要按照风险承受能力由低到高至少分为C1(含风险承受能力最低类别)、C2、C3、C4、C5五种类型，对专业投资者可以进行细化分类和管理。

4. 基金风险类型评估

募集机构应当自行或者委托第三方机构对股权投资基金进行风险评级，建立科学、有效的股权投资基金风险评级标准和方法。基金产品的风险等级按照风险由低到高的顺序，至少划分为R1、R2、R3、R4、R5五个等级，如表7.4所示。

表7.4 基金产品风险等级划分参考标准

风险等级	产品参考因素
R1	产品结构简单，过往业绩及净值的历史波动率低，投资标的流动性很好，不含衍生品，估值政策清晰，杠杆不超过监管部门规定的标准
R2	产品结构简单，过往业绩及净值的历史波动率较低，投资标的流动性好，投资衍生品以套期保值为目的，工具政策清晰，杠杆不超过监管部门规定的标准
R3	产品结构较简单，过往业绩及净值的历史波动率较高，投资标的流动性较好，投资衍生品以对冲为目的，估值政策清晰，杠杆不超过监管部门规定的标准
R4	产品结构较复杂，过往业绩及净值的历史波动率较高，投资标的的流动性较差，估值政策较清晰，一倍（不含）以上至三倍（不含）以下杠杆
R5	产品结构复杂，过往业绩及净值的历史波动率较高，投资标的流动性差，估值政策不清晰，三倍（含）以上杠杆

基金募集机构可以根据实际情况在前款所列等级的基础上进一步进行风险细分。基金募集机构的产品风险等级划分方法及其说明，应当通过适当的途径向投资者告知。委托第三方机构提供

基金产品风险等级划分的，基金募集机构应当要求其提供基金产品风险等级划分方法及其说明。

5. 投资者适当性匹配

基金募集机构要制定普通投资者和基金产品匹配的方法、流程，明确在执行投资者适当性管理过程中的职责。匹配方法至少要在普通投资者的风险承受能力类型和基金产品的风险等级之间建立合理的对应关系。

基金募集机构要根据普通投资者的风险承受能力和基金产品的风险等级建立以下适当性匹配原则：

（1）C1 型（含最低风险承受能力类别）普通投资者可以购买 R1 级基金产品或者服务；

（2）C2 型普通投资者可以购买 R2 级及以下风险等级的基金产品或者服务；

（3）C3 型普通投资者可以购买 R3 级及以下风险等级的基金产品或者服务；

（4）C4 型普通投资者可以购买 R4 级及以下风险等级的基金产品或者服务；

（5）C5 型普通投资者可以购买所有风险等级的基金产品或者服务。

风险承受能力最低类别的普通投资者不得购买高于其风险承受能力的基金产品。除因遗产继承等特殊原因产生的基金份额转让之外，普通投资者主动购买高于其风险承受能力基金产品或者服务时，不得突破相关准入资格的限制。

普通投资者主动要求购买与风险承受能力不匹配的基金产品的，基金销售应遵循以下程序：

（1）普通投资者主动向基金募集机构提出申请，明确表示要求购买具体的基金产品高于其风险承受能力，并同时声明，基金募集机构及其工作人员没有在基金销售过程中主动推介该基金产品或服务的信息；

（2）基金募集机构对普通投资者资格进行审核，确认其不属于风险承受能力最低类别投资者，也没有违反投资者准入性规定；

（3）基金募集机构向普通投资者以纸质或电子文档的方式进行特别警示，告知其该产品或服务风险高于投资者的承受能力；

（4）普通投资者对该警示进行确认，表示已充分知晓该基金产品或者服务风险高于其承受能力，并明确作出愿意自行承担相应不利结果的意思表示；

（5）基金募集机构履行特别警示义务后，普通投资者仍坚持购买该产品或者服务的，基金募集机构可以向其销售相关产品或者提供相关服务。

6. 基金风险揭示

基金募集机构应当向投资者重点揭示私募基金风险，并与投资者签署风险揭示书。

风险揭示书的内容包括但不限于：①私募基金的特殊风险，包括基金合同与中国基金业协会合同指引不一致所涉风险、基金未托管所涉风险、基金委托募集所涉风险、外包事项所涉风险、聘请投资顾问所涉风险、未在中国基金业协会登记备案的风险等；②私募基金的一般风险，包括资金损失风险、基金运营风险、流动性风险、募集失败风险、投资标的的风险、税收风险等；③投资者对基金合同中投资者权益相关重要条款的逐项确认，包括当事人权利义务、费用及税收、纠纷解决方式等。

在投资者签署基金合同之前，募集机构应当向投资者说明：①投资冷静期（不少于二十四小时）；②回访确认；③投资者的相关权利；④私募基金的风险（风险揭示），并与投资者签署风险揭示书，格式可参考基金业协会《私募投资基金风险揭示书内容与格式指引》；⑤有关法律法规。

7. 合格投资者确认

募集机构应当要求投资者提供必要的资产证明文件或收入证明，审慎确定合格投资者。在完成合格投资者确认程序后，各方方可签署私募基金合同。

8. 投资冷静期

除非另有约定，基金合同应当约定给投资者设置不少于二十四小时的投资冷静期，募集机构在投资冷静期内不得主动联系投资者，但并不禁止投资者主动联系募集机构。

9. 回访确认

投资冷静期满后，募集机构应指示从事基金销售推介业务以外的人员以录音电话、电邮、信函等适当方式进行投资回访，回访过程不得出现诱导性陈述。

在投资冷静期内进行的回访确认无效，回访程序成功确认前，投资者有权解除基金合同，募集机构也不得将投资者缴纳的认购基金款项从募集账户划转到基金财产账户或托管资金账户，私募基金管理人不得投资运作投资者交纳的认购基金款项。

（三）禁止性行为和禁止性推介渠道

1. 禁止性行为

募集机构及其从业人员推介私募基金时，禁止有以下行为：

①公开推介或者变相公开推介；②推介材料虚假记载、误导性陈述或者重大遗漏；③以任何方式承诺投资者资金不受损失，或者以任何方式承诺投资者最低收益，包括宣传“预期收益”“预计收益”“预测投资业绩”等相关内容；④夸大或者片面推介基金，违规使用“安全”“保证”“承诺”“保险”“避险”“有保障”“高收益”“无风险”等可能误导投资人进行风险判断的措辞；⑤使用“欲购从速”“申购良机”等片面强调集中营销时间限制的措辞；⑥推介或片面节选少于 6 个月的过往整体业绩或过往基金产品业绩；⑦登载个人、法人或者其他组织的祝贺性、恭维性或推荐性的文字；⑧采用不具有可比性、公平性、准确性、权威性的数据来源和方法进行业绩比较，任意使用“业绩

最佳”“规模最大”等相关措辞；⑨恶意贬低同行；⑩允许非本机构雇用的人员进行私募基金推介；⑪推介非本机构设立或负责募集的私募基金；⑫法律、行政法规，中国证监会和中国基金业协会禁止的其他行为。

2. 禁止性推介渠道

募集机构不得通过下列媒介渠道推介股权投资基金：

（1）公开出版资料；

（2）面向社会公众的宣传单、布告、手册、信函、传真；

（3）海报、户外广告；

（4）电视、电影、电台及其他音像等公共传播媒体；

（5）公共网站、门户网站链接广告、博客等；

（6）未设置特定对象确定程序的募集机构官方网站、微信朋友圈等互联网媒介；

（7）未设置特定对象确定程序的讲座、报告会、分析会；

（8）未设置特定对象确定程序的电话、短信和电子邮件等通信媒介；

（9）法律、行政法规、证监会规定和基金业协会自律规则禁止的其他行为。

四、内控运营

为了增强私募股权行业的灵活性，目前设立私募基金管理机构并不需要进行行政审批，但实际上行业内的私募基金管理人业务能力水平、风险能力不尽相同，这给私募基金行业带来了很大的隐患。为此，基金业协会发布的《私募投资基金管理人内部控制指引》（以下简称《内控指引》）明确了私募基金管理人应当依据指引，同时结合自身情况，建立健全并有效执行内部控制制度，从而确保经营合法合规、安全稳健。

《内控指引》指出，基金管理人应从业务流程控制、授权控制、募集控制、财产分离、防范利益冲突、投资控制、托管控制、外包控制、信息系统控制和会计系统控制等方面的制度建设入手，积极进行自律管理，强化内控保障。主要要求如下：

（一）主营业务

基金管理人应当遵循专业化运营原则，主营业务清晰，不得兼营与股权投资基金管理无关或存在利益冲突的其他业务。

（二）人员安排

私募基金管理人应当建立有效的人力资源管理制度，健全激励约束机制，确保工作人员具备与岗位要求相适应的职业操守和专业胜任能力。私募基金管理人应具备至少 2 名高级管理人员，其中应当设置负责合规风控的高级管理人员，负责合规风控的高级管理人员应当独立地履行对内部控制监督、检查、评价、报告和建议的职能，对因失职渎职导致内部控制失效造成重大损失的，应承担相关责任。

（三）治理结构

私募基金管理人应当健全治理结构，防范不正当关联交易、利益输送和内部人控制风险。组织结构应当体现职责明确、相互制约的原则，建立必要的防火墙制度与业务隔离制度，各部门有合理及明确的授权分工，操作相互独立。

（四）外包业务

股权投资基金管理人应建立健全外包业务控制，并至少每年开展一次全面的外包业务风险评估。在开展业务外包的各个阶段，关注外包机构是否存在与外包服务相冲突的业务，以及外包机构是否采取了有效的隔离措施。

除基金合同另有约定外，私募基金应当由基金托管人托管，私募基金管理人应建立健全私募基金托管人遴选制度，切实保障资金安全。基金合同约定私募基金不进行托管的，私募基金管理人应建立保障私募基金财产安全的制度措施和纠纷解决机制。

（五）财务制度

股权投资基金管理人应当建立财产分离制度，股权投资基金财产与股权投资基金管理人固有财产之间、不同股权投资基金财产之间、股权投资基金财产和其他财产之间要实行独立运作，分别核算。

（六）投资业务

基金管理人应当建立健全投资业务控制，保证投资决策严格按照法律法规的规定，符合基金合同所规定的投资目标、投资范围、投资策略、投资组合和投资限制等要求。

五、信息披露

为保护私募基金投资者的合法权益、规范私募投资基金的信息披露活动，基金业协会出台了《私募投基金信息披露管理办法》（以下简称《信披办法》）。《信披办法》主要从信息披露的主体和对象、信息披露的内容和方式、基金募集期间的信息披露、基金运作期间的信息披露、信息披露的事务管理、信息披露的自律管理等方面进行规定，初步构建起私募投资基金信息披露的自律监管框架。

总体而言，基金管理人、基金托管人（以下统称信息披露义务人）应当按照中国基金业协会的规定以及基金合同、公司章程或者合伙协议约定向投资者进行信息披露。信息披露义务人应当保证所披露信息的真实性、准确性和完整性。具体要求如下：

（一）信息披露义务人

信息披露义务人包括私募基金管理人、私募基金托管人，以及法律、行政法规、证监会和基金业协会规定的具有信息披露义务的法人和其他组织。同一私募基金存在多个信息披露义务人时，应在相关协议中约定信息披露相关事项和责任义务。信息披露义务人委托第三方机构代为披露信息的，不得免除信息披露义务人法定应承担的信息披露义务。

（二）信息披露主要事项

1. 基金募集期

基金募集期间，应当在宣传推介材料中向投资者披露如下信息：

(1) 基金的基本信息：基金名称、基金架构、基金类型、基金注册地、基金募集规模、最低认缴出资额、基金运作方式、基金的存续期限、基金联系人和联系信息、基金托管人；

（2）基金管理人基本信息：基金管理人名称、注册地/主要经营地址、成立时间、组织形式、基金管理人在基金业协会的登记备案情况；

（3）基金的投资信息：基金的投资目标、投资策略、投资方向、业绩比较基准、风险收益特征等；

（4）基金的募集期限：应载明基金首轮交割日以及最后交割日事项；

（5）基金估值政策、程序和定价模式；

（6）基金合同的主要条款：出资方式、收益分配和亏损分担方式、管理费标准及计提方式、基金费用承担方式、基金业务报告和财务报告提交制度等；

（7）基金的申购与赎回安排；

（8）基金管理人最近三年的诚信情况说明；

（9）其他事项。

2. 基金运行期

私募基金运行期间分为季度披露和年度披露，其中，单只私募证券投资基金管理规模金额达到5000万元以上的，应当持续在每月结束之日起5个工作日以内向投资者披露基金净值信息。

（1）季度披露：信息披露义务人应当在每季度结束之日起10个工作日以内向投资者披露基金净值、主要财务指标以及投资组合情况等信息。

（2）年度披露：信息披露义务人应当在每年结束之日起4个月以内向投资者披露以下信息：a. 报告期末基金净值和基金份额总额；b. 基金的财务情况；c. 基金投资运作情况和运用杠杆情况；d. 投资者账户信息，包括实缴出资额、未缴出资额以及报告期末所持有基金份额总额等；e. 投资收益分配和损失承担情况；f. 基金管理人取得的管理费和业绩报酬，包括计提基准、计提方式和支付方式；g. 基金合同约定的其他信息。

（3）发生以下重大事项的，信息披露义务人应当按照基金合同的约定及时向投资者披露：a. 基金名称、注册地址、组织形式发生变更的；b. 投资范围和投资策略发生重大变化的；c. 变更基金管理人或托管人的；d. 管理人的法定代表人、执行事务合伙人（委派代表）、实际控制人发生变更的；e. 触及基金止损线或预警线的；f. 管理费率、托管费率发生变化的；g. 基金收益分配事项发生变更的；h. 基金触发巨额赎回的；i. 基金存续期变更或展期的；j. 基金发生清盘或清算的；k. 发生重大关联交易事项的；l. 基金管理人、实际控制人、高管人员涉嫌重大违法违规行为或正在接受监管部门或自律管理部门调查的；m. 涉及私募基金管理业务、基金财产、基金托管业务的重大诉讼、仲裁；n. 基金合同约定的影响投资者利益的其他重大事项。

（三）信息披露的禁止性行为

信息披露义务人披露基金信息，不得存在以下行为：

（1）公开披露或者变相公开披露；

（2）虚假记载、误导性陈述或者重大遗漏；

（3）对投资业绩进行预测；

（4）违规承诺收益或者承担损失；

（5）诋毁其他基金管理人、基金托管人或者基金销售机构；

（6）登载任何自然人、法人或者其他组织的祝贺性、恭维性或推荐性文字；

（7）采用不具有可比性、公平性、准确性、权威性的数据来源和方法进行业绩比较，任意使用“业绩最佳”“规模最大”等相关措辞；

（8）法律、行政法规、证监会和基金业协会禁止的其他行为。

（四）披露方式

私募基金管理人应当按照规定通过中国基金业协会指定的私募基金信息披露备份平台报送信息，投资者可以登录相关平台进行信息查询。

（五）信息披露管理制度

披露义务人应当建立健全信息披露管理制度，指定专人负责管理信息披露事务，并按要求在私募基金登记备案系统中上传信息披露相关制度文件。披露义务人应当妥善保管私募基金信息披露的相关文件资料，保存期限自基金清算终止之日起不得少于10 年。

（六）法律后果

中国基金业协会可视情节轻重对基金管理人采取公开谴责、暂停办理相关业务、撤销管理人登记或取消会员资格等纪律处分；对直接负责的主管人员和其他直接责任人员，中国基金业协会可采取要求参加强制培训、行业内谴责、加入黑名单、公开谴责、认为不适当人选、暂停或取消基金从业资格等纪律处分，并记入诚信档案。情节严重的，移交证监会处理。

思考问题：

1. 私募股权投资可以选择哪些组织形式？不同组织形式之间有哪些区别？

2. 基金的 GP 与 LP 分别指什么？两者之间有何区别？

3. 什么样的法律主体形式可以做 GP？

4. 基金管理人备案要求有哪些？

5. 基金业协会通过网站公示股权投资基金的基本情况包含哪些内容？

第八章
苏美达PE财务分析案例

郎俊①

① 郎俊，专业领域：企业财务与金融、新能源汽车。

第一节　制订计划

我们通过对某新三板企业 XX 能源的分析来诠释项目财务尽职调查的逻辑和方法的实战应用。

一、行业属性

（一）商业计划书（BP）通读，感性认识，关键点总结

（1）产业链环节、技术、资金、团队等亮点；

（2）产品类型、客户类型、商业模式等；

（3）财务情况概览；

（4）基于上述感知，问题清单。

（二）其他资料进一步了解

（1）公司发展：大事记；

（2）行业属性（特征与发展属性）：行研报告、公开转让说明书；

（3）业务情况：公开转让说明书相关章节；

（4）财务情况（变动）：年报（摘要）。

（三）公司初步判断

（1）行业竞争程度与产业价值（宏观）；

（2）公司核心竞争力与发展驱动因素（微观）；

（3）关注重点科目等。

二、财务分析

财务分析包括盈利能力、偿债能力和运营能力的分析。

分析：无论是在整个项目尽职调查过程中，还是开始现场工作第一步制订尽职调查计划，永远要告诉自己，没有理顺行业属性，没有对行业发展趋势有大概的了解，没有看懂业务模式，绝对不轻易去作财务分析。

在工作计划层面，财务分析的目的是用数据去侧面支撑我们的感性初步判断，用理性的思维去平衡我们的感性想法。所以，在制订财务分析计划时，不用将计划细分到阶段，也不用过分深入分析财务数据，只要能判定出重点关注科目即可。如果在对业务的了解过程中，发现了重大异常现象，如主营业务收入发展快于行业发展水平，在行业普遍低迷或者供大于求的环境下，这种增长是缺乏逻辑和理论支撑的，需要公司给予合理的解释，理顺看似“异常”的业务发展模式，再去深挖数据来判断客户的解释是否合理。

第二节　具体操作

一、商业计划书解读

常规的商业计划书（Business Plan，BP）一般在20页左右，核心要点包括但不限于主营业务、服务客户、商业模式、盈利模式、核心团队、核心竞争力、企业发展过程、财务表现和融资需求。每一页PPT都很珍贵，类似于口号式的、抽象的概念尽量不要罗列，如果有，那么作为投资人也可以直接略过。因为，这些文字一方面比较富有感情，会影响我们直观的判断，在没有见到创始人面对面进行交流之前，不要谈情怀，尽量抓住和鉴别客观文字来评估一家企业。另一方面，初步感知企业逻辑线索并梳理出来很重要，需要聚焦关键信息。

大致的思路已经梳理出来，让我们来看一下商业计划书中想向我们讲述一个什么样的故事，同时，我们要梳理、记录与总结核心内容及问题清单。

（一）公司简介

XX 新能源有限公司坐落于 A 市集中产业示范产业园区，占地面积 100 亩。公司以光伏产品应用、储能设备产品应用、电动汽车充电桩产品应用为三大发展模块，形成了 A 市、B 市、C 市三总部联动发展的产业布局，是一家专业从事光、充、储投资与运营以及光伏产品、储能及微电网能量管理产品、电动汽车充电桩产品生产的国家级高新技术企业。

一般在 BP 第一页，提纲挈领总结公司基本情况，帮助我们搭建“骨骼”，确立对公司的大致印象。通过阅读公司简介，作出以下归纳：

（1）核心要点：三大业务（光伏产品应用、储能设备、充电桩）、服务环节（全业务流程：光、充、储以及运营管理）、服务区域（A 市、B 市、C 市）；

（2）问题：

三大业务收入占比（聚焦业务）；

区域收入贡献占比（聚焦区域）。

对上述问题探究的目的是想了解，假设公司是技术驱动型企业，是否是“专业的人在做专业的事”？具体来看：

其一，业务所在领域发展是否具有前景。（是否是朝阳行业？如果已经处于行业生命周期衰退阶段，或者其解决方案已经具有替代品，那么本身领域已经不存在价值。大方向是错误的，那么后续分析便毫无意义，就此打住；如果大方向发展没有问题，但是竞争激烈，则需要进一步评估企业选择的细分领域是否具有价值。）

其二，业务线设置原因。（业务间是否具有协同价值？每一个业务的选择原因是什么，是否是追热点“蜂拥而上”？那么在评估竞争格局之后，如果是激烈竞争的红海市场，便会面临价格竞争。如果该业务线又涉及政府补贴，则可能会出现“扎堆”情况，影响企业的现金流和营利水平。）

其三，区域属性是否是一个限制因素。如果是由于地方保护主义获取的订单，且企业严重依赖该类订单，如单个项目金额重大，或者总金额占据当年收入的50%以上，我们会考虑未来主营业务增长是否可持续，我们进一步会分析客户群体特征，如支付能力、对公司账期等。

（二）历史沿革

这一部分，应大概看一下企业在发展历程中的重大事件，如新产线投入、新业务开展、重大客户或者订单获取以及资质获取的时间点，来大概感知企业发展是否是一个渐进向上不断发展的过程，但是会弱化各种提及的名誉指标，如常见的“高科技企业”“创新人才”等。笔者很固执地认为，作投资机会评估是去“找茬”：发现问题，评估风险，特别是评估这些不确定性可以被创始人内部或者投资人外部解决的可能性，好的东西我们一笑了之，不作过多聚焦。

（三）公司架构以及关联企业

这一部分的重点是关联企业。但是笔者不会聚焦，在没有把握行业属性前，不对微观层面公司内容进行解读。但是会“望文生义”，即通过企业关联公司名称，来感性地判断企业所聚焦的主营业务领域，如图 8.1 所示，在 7 家子公司列表中，名称中包含“光伏”二字的企业有 3 家，占比为 42.8%，“节能科技”与“新能源”字眼是否是“光伏”的代名词？笔者初步感知到企业的重点业务主要聚焦在光伏产品上，所以记录下问题，待后续关注：三大业务收入占比（该问题前文已经提到，再次被提及，说明需要重点关注）。

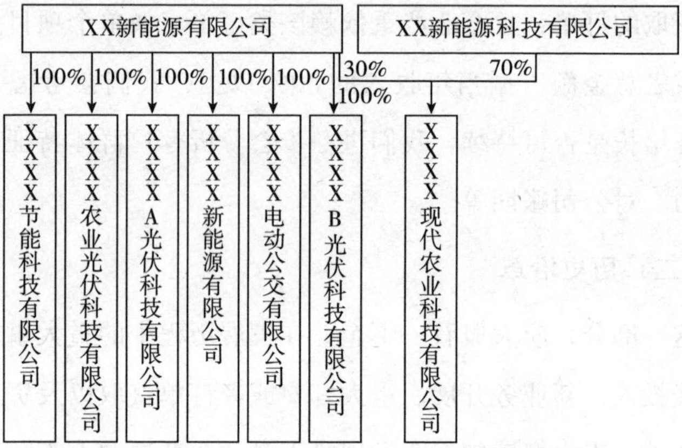

图 8.1　XX 新能源有限公司子公司列示

（四）团队

这一部分是 BP 中最重要的内容，企业家会浓墨重彩地留下多笔。应认真阅读每一个字、每一个标点符号，重点关注企业的创始人团队是否在该行业有过连续从业经历以及所任职的公司和岗位。公司和岗位可以从侧面反映团队的工作能力和业绩，这一点在特定的行业、特定的部门尤为重要。

特定的行业指的是技术或者知识密集型行业，如医疗、TMT行业。还是那句话："专业的人做专业的事"。在上述领域，尤为重要，全才难得，通才更为珍贵。

特定部门，应关注的是销售部门和技术部门，"酒香也怕巷子深"，没有渠道资源，技术再先进，也很难获取订单、为公司创造价值。

综合以上两个特定属性，笔者希望能感知到团队中每一个个人的价值和资源能力。所以，笔者会通过与企业创始人以及部门负责人访谈，来了解他们的专业性以及团队的稳定性。

面谈是一个最简单且最为有效的方法，带着问题去和团队交流则更具有针对性。在该环节，笔者会整理问题，设置问题结构，希望实现两个目的：

第一，感性层面，判断其对行业的理解；

第二，理性层面，对于关键问题是否存在前后回答不一致的情况。

除了问题的设置需要考量，时间的安排也是一个重点。笔者建议将沟通分为初步沟通和外部访谈两个轮次，其中，初步沟通占据60%的时间。在初步沟通阶段，通过对所有公开信息的解读和分析，梳理出逻辑链条，参与交流。该过程需要注意3个问题：

一是客观性。客观了解团队的想法和态度，如他们的发展战略、客户定位、行业发展方向的判断。不能因为与你的想法不一致，或者与行业内99%的玩家选择的方向不一致，就轻易质疑他们的选择。笔者会先记录下来，先倾听，再分析。

二是聚焦性。笔者认为投资人应该去把控访问的节奏，如询问背后的逻辑推理方式、关注的重点等。如果某个核心问题的解释没有让你信服，你可以坚持询问下去，不要被团队的思路带偏了。这就要求投资人对行业的理解和主管判断能力。在团队看来，他们都没有太大的问题，就是缺钱，“当局者”也许是“迷”的，如果投资人头脑不清晰、不聚焦，没有事先准备好，就很容易一起成为“当局者”，那么客观性也会丧失，访谈会很失败。

三是真实性。信息是不对称的，我们作内部访谈的目的不是确认，而是搜集。后续我们还会作外部访谈，如上下游以及同行业访谈等，以搜集外部信息。最终内外整合，得出判断。所以在任何一个维度的访谈，我们都不需要立即判断真伪，只需要记录和分析、质疑和记录问题即可。

归纳一下，面谈的逻辑如图 8.2 所示：

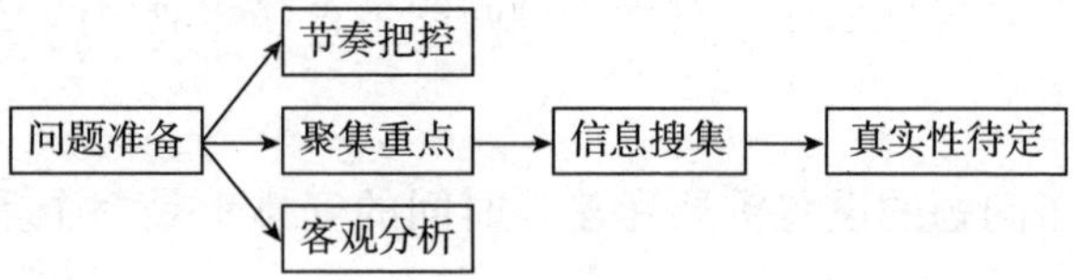

图 8.2　投资人的面谈逻辑

（五）核心技术与主营业务

这一块可以会放在一起看，技术离不开场景应用。

主营业务分析，首先笔者会先将产品线拆开，结合业务流程，聚焦最核心的环节，如哪一环节是需要先垫钱、哪一块环节是盈利的。这个思路类似于 PPP 场景下 BOT 等商业模式的考量。

其次笔者会将技术与产品线或者业务线一一对应，逻辑仍然一脉相承，评估是否是“核心的技术聚焦在核心的业务线上”。

分析到这里，读者应该会有印象，我们在前文中，两次提到要关注一个问题：三大业务收入占比。笔者希望通过分解出各块业务收入占比，去识别哪一个业务才是企业最核心的重点业务。分解和聚焦逻辑会一直贯穿在项目尽职调查过程中，有效地帮助我们识别企业的核心价值，梳理清楚企业的业务属性。

那么，企业是如何介绍技术和业务内容的呢？请看表 8.1 和图 8.3。

表 8.3　XX 新能源有限公司相关技术

三个核心技术	充电桩恒功率充电匹配技术
	高安全性，高可靠性多元集成结构设计
	高可靠性，高精度电气运行控制技术
核心技术人员	多位核心技术人员都有六年以上光伏、充电、储能相关技术的研发经验
核心技术团队	技术团队成员都有多年国内外知名相关企业工作的经历，并积累了丰富的专业技术经验和生产管理经验

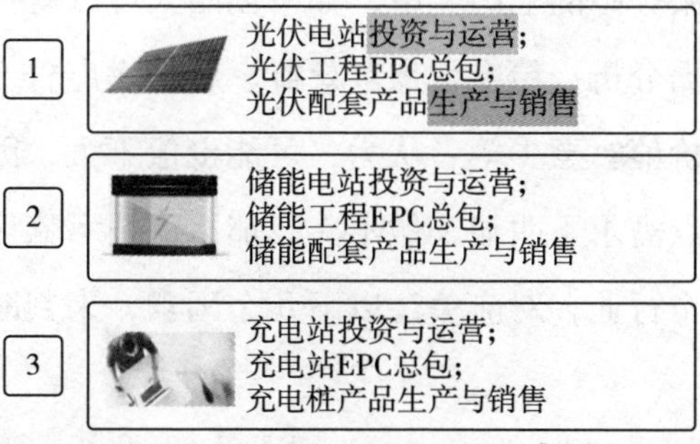

图 8.3　XX 新能源有限公司业务内容

记录下以下问题：

（1）光伏电站业务可能是核心业务，却未在技术列表中看到相关技术；

（2）充电桩业务收入占比有多少？企业在充电桩技术方面是否有储备？

谈到技术，读者也许会问这样一个问题：我们该如何判断企业技术的先进性呢？最简单的方法："专业的人做专业的事"。如果恰巧该行业是你所学的专业领域，这个问题应该不难；如果不是，去找专家咨询吧。专家怎么找？梳理一下你的人脉，或者去百度。但这都不是最重要的，依笔者的经验，回答这个问题最关键的是要有一个理念，技术绝对不是唯一"护城河"。

我们可以去关注技术的发展趋势、技术参数等指标去判断企业的解决方案是否具有竞争力，但竞争门槛是一个综合性因素。另外，技术的背后是这个场景应用解决的问题是否是有价值的，体量是否足够大，如果都不是，研究出来这个技术是没有价值的，更不用说还可能要替代竞争。如大家常见的O2O场景，举个例子，上门服务中的上门美甲，如果创始人可以有技术实现数据沉淀、大数据分析、精准聚焦客户群、后端卖广告变现，这样的技术有没有价值？至少笔者认为，可能价值不大，因为这个市场很分散，痛点需求不明显，做不大，那么谈技术就很空洞了。

举下面两个行业，对应关注以下几个因素，来判断企业的竞争力：

一是制造业：从业经验、成本控制、技术切入点、场景价值、聚焦定位；

二是零售业：客户需求感知、行业理解力、切入点、场景价值、聚焦定位。

可见，不同行业其实有相同的关键因素，如场景价值和聚焦定位。因为客户类型很多，解决问题的方式有很多，最有效的方式是分解问题，分解客户类型，梳理先后关系并进行重点排序，然后聚焦资源找到一个最合适的角度切入问题，解决它。大家也许会问，“条条大路通罗马，”我怎么判断切入点是否合适、是否有效？你不需要判断，你要判断的是创业者是否对行业理解深刻，判断他们的做法是否可行，如周期、资金额度、行业发展的理解等，具体不再展开叙述。

但是作为投资者，行业基础知识我们还是必须要了解的。高领资本张磊先生说得很好，用分析师精神作价值投资。平时多关注行业动态，多作行业研究，可以减少判断失误的风险。

（六）公司业绩分析

这一部分涉及对公司经营业绩（数据）的分析和进一步挖掘。

分析的逻辑是，通过数据分析，了解业务实质，有针对性地对关键合同、客户以及收入构成进行分解，判断业务是否可持续增长。在实际工作中，笔者碰到过这样的情况：某企业每年业绩保持一定的增长性，分解到各业务板块，收入贡献率也维持稳定，将贡献度业务板块分解后，笔者发现场景较为单一，如做配件收入，全部来自于房地产行业，其他新业务板块在最近3年内均没有实现增长或者收入贡献率超过5%，笔者判断该公司增长已出现瓶颈，对新业务作为未来增长点的可能性存疑。所以，关于公司的业绩，在对公司进行初步了解的时候，就需要有初步感知。回到××新能源案例上，笔者的分析逻辑是：

首先，浏览公司最近3年的历史业绩，对增长性和营利性有初步印象；

其次，查看各业务线收入占比，评估是否存在单一业务依赖、后续增长乏力；

最后，分解客户群，评估是否存在重大客户依赖情况。

这个时候，笔者发现BP提供的信息已经无法满足我们的要求了，我们需要获取更多的公开信息，来评估企业的经营情况。由于XX新能源是新三板公司，笔者从全国中小企业股份转让系统中下载了XX新能源20X1年到20X3年3年的年报，一方面了解业务内容，另一方面进行交叉比对和分析（见表8.2）。

表8.2　XX新能源股份有限公司20X1—20X3年收入分解

业务介绍

报告期内，公司主要经营项目是光伏应用板块和电动汽车充电桩板块双轮驱动，在光伏应用板块，公司重点进行大型项目的EPC总包、服务及光伏支架销售；在电动汽车充电桩板块，公司逐步推出新产品，……

20X1年收入分解

类别/项目	本期收入金额	占营业收入比例%	上期收入金额	占营业收入比例%
光伏产品	34,595,258.96	14.26%	51,936,349.97	43.46%
EPC项目	175,580,810.02	72.37%	59,578,347.61	49.86%
充电桩产品	22,501,395.00	9.27%	4,189,743.59	3.51%
电费	7,942,269.71	3.27%	3,793,951.49	3.17%
PPP项目运营收入	1,903,486.86	0.78%	-	-

20X2 年收入分解

类别/项目	本期收入金额	占营业收入比例%	上期收入金额	占营业收入比例%
EPC 项目收入	59,578,347.61	49.86%	30,215,456.61	78.18%
光伏产品销售	51,936,349.97	43.46%	5,240,532.93	13.55%
充电桩产品销售	4,189,743.59	3.51%	-	-
电费收入	3,793,951.49	3.17%	3,194,668.59	8.27%

20X3 年收入分解

类别/项目	本期收入金额	占营业收入比例%	上期收入金额	占营业收入比例%
主营业务	38,650,658.13	100.00%	41,166,845.81	100.00%

数据来源：公司年报。

笔者发现，光伏产品给企业贡献的收入占比三年平均在 90% 左右，可以确定该产品线是企业的核心业务。进一步分解得知，EPC 项目金额巨大，且对光伏产品线收入贡献巨大，因此笔者初步判断，未来企业业绩经营的好坏取决于光伏 EPC 项目收入。回到 BP 中，可以看到表 8.3 所示 20X3—20X4 年重大合同一览表。

表 8.3　XX 新能源股份有限公司 20X3—20X4 年重大合同一览

客户名称	合同内容	签订时间	装机容量	完成时间	合同金额/万元
某现代农业有限公司	某农光互补光伏发电项目	20X3.08	20MV	20X3.11	1938
某新能源科技有限责任公司	某光伏扶贫（二期）建设项目	20X3.08	5.59MV	20X4.05	3945
A 新能源科技有限公司	某光伏发电项目	20X3.09	30MV	在建	20400
某市交通运输局	某市交通运输局充电桩建设工程项目	20X3.11	10 个站	在建	1791

续表

客户名称	合同内容	签订时间	装机容量	完成时间	合同金额/万元
某现代农业科技有限公司	某农光互补光伏发电项目	20X3. 12	20MV	20X3. 12	3300
某现代农业科技有限公司	某农光互补光伏发电项目	20X3. 12	20MV	在建	3300
某区扶贫开发办公室	某农光互补光伏发电项目	20X4. 03	3. 6MV	20X3. 03	2426. 4
某县扶贫开发办公室	某县光伏扶贫项目	20X3. 04	2. 7MV	20X3. 06	1670. 76
某县扶贫开发办公室	某县光伏扶贫项目	20X4. 04	3MV	20X4. 06	1956
某省电力设计院有限公司	某物流园电站建设项目	20X4. 06	5. 43MV	20X4. 06	488

将上述项目与客户进行分类统计如下（见表8. 4）。

表8. 4　XX能源20X3—20X4年重大合同整理列表

项目类型	涉及金额/万元	占比
光伏板块—农光互补	8538	20. 72%
光伏板块—政策扶贫	9998. 16	24. 26%
充电桩板块	2279	5. 53%
特大光伏项目	20400	49. 50%
合计	41215. 16	100. 00%

可见：

（1）主营业务仍然以光伏板块为主，且项目仍然呈现出县级市特征；

（2）除了2.04亿元大单外，客户仍然以政府采购为主。

考虑到县级市的财政情况，以及单个项目金额巨大，笔者决定选取2.04亿元项目深入分析项目情况，并对该项目业主A新能源科技有限公司作进一步了解。

笔者通过工商信息系统，查询到了A新能源科技有限公司的基本信息，重点关注股东结构、经营状况以及法律诉讼等。由于企业可以选择性披露企业年报等信息，如果是一家非上市企业，一般我们很难从工商登记系统中看到企业的财务数据。如果我们想评估其支付能力以及是否有或有负债等影响其支付能力的事项，这一方法很难实现，我们只有寻求其他途径侧面了解，如上下游或者同业走访等。大方向，笔者希望看到作为被调查企业的客户，它是“干净”的，需要关注它与被调查企业是否存在关联关系、有无未决诉讼等情况。

首先，笔者会关注该企业的股权以及公司架构，根据所查到的相关信息了解其是否存在上述关联关系，该主体下方有一个投资有限公司，笔者会关注是否该企业会利用这个主体去对外签订合同。另外，笔者会关注自然人是否与被调查企业实际控制人或者股东之间是否存在关联关系。对于第二个问题，笔者通过与被调查企业股东交叉检查，排除了这种可能性。

其次，笔者关注该企业的基本情况，尤其是经营状况。经调查，笔者发现A新能源科技有限公司以及其股东均与XX新能源发生过股权出质往来。A新能源科技有限公司对XX新能源股权出质金额合计6000元万人民币，这让笔者担心并记录一下问题：

（1）股权出质背后的原因是什么?

（2）上述20X3—20X4年XX新能源承接的来自于该公司的订单，A新能源科技有限公司的实际偿付能力如何?

笔者计划进一步去了解光伏项目的具体特征，以判断项目的风险等情况，问题记录如下：

（1）假设XX能源有能力交付，该类EPC项目的流程以及付款里程碑是怎么样的?（前期垫资比例?工程进度?汇款进度?）

（2）项目的盈利模式是怎样的?来源于政府补贴以及到位时间如何?

（3）占比较大的主营业务收入可持续性评估是怎样的?

企业在公开转让说明书中提到光伏业务板块有光伏电站投资运营、光伏电站工程EPC总包和光伏产品销售三类，其中最后一类销售业务为光伏支架，但是在后续20X1—20X3年3年报中，对光伏电站板块收入的明细披露口径和公开转让书不一样，又变为光伏产品销售、EPC项目和电费收入（20X1年没有分别披露，只有笼统的主营业务一个口径），笔者检查了这3年光伏电站主营业务板块并没有发生变化，考虑到板块内每一块业务的商业模式和盈利模式均不一样，特别是光伏电站投资运营和光伏电站工程EPC总包业务这两类。

经笔者向行业专家调研了解，二者最大的区别在于前者收益来源于电费补贴和后续电费收入，简言之，是前期自有资金投入（无政府补贴）换来后续持续运营收入（政府不参与分成），在电站运营良好（发电效率满足标准）、政府补贴到位及时、区域用电不存在供过于求（不限电）的情况下，该类属于固定业务收入，上述三个因素对应技术和政策风险，后者是不可控的。而EPC 业务的盈利点在于工程承包赚差价，没有后续补贴，收入不持续。总的来看，电站投资运营类型的收入较持续，关键在于电站所在区域（不限电且发电稳定）以及区域政府的政策到位力度（财政情况），而 EPC 业务门槛低，竞争激烈。

经过上述分析，为了判断业务的持续性和盈利可实现性，笔者记录了以下问题：

（1）3 年主营业务中，EPC 业务与投资运营业务各有多少？

（2）收入维度评估完，项目评估仍然没有结束，笔者希望从项目类型维度再作一次分析，看光伏扶贫资金以及项目开展过程中企业的垫资情况如何。

另外，需要进一步评估当地政府（某省 B 市级别以及各县级别每年财政预算金额）的财政情况。

分析到这里，笔者内心有一些担心：做了那么多工作，问题似乎回到了宏观层面，光伏领域大方向存在一些不确定性，政策风险很难去衡量：政府要扶贫，企业要效益，“十三五” 15GW 扶贫规划资金量不小。但是，谁来埋单？

笔者认为如果看不清楚政府对行业的态度以及行业现存的问题和风险，继续在公司层面挖掘分析是徒劳的，于是笔者花时间去重点了解行业动态：关注到国家五部委日前联合对外下发的《关于光伏发电扶贫工作的意见》，对最重要的资金来源问题一笔带过。根据该《意见》，村级光伏电站贷款部分可由省扶贫资金给予贴息，集中式电站由地方政府指定的投融资主体与商业化投资企业共同筹措资本金，其余资金由国家开发银行、中国农业发展银行为主提供优惠贷款。鼓励国有企业、民营企业积极参与光伏扶贫工程投资、建设和管理。地方政府成为解决扶贫资金来源的主体，地方主动性俨然是扶贫项目顺利开展的关键。经过走访与调查查询，笔者发现，扶贫资金的来源各地均有所不同。彼时，扶贫试点阶段，还可利用“扶贫资金 + 农户银行贷款”模式，有些贫困县国家和当地政府可出资 70%，剩余 30% 则来自企业垫付或银行贷款。但当下，扶贫规模扩大，国家初始补贴取消，融资重担落到县级层面。但贫困县出不起钱，或政府不愿出钱，转而将扶贫落实强加到投资企业头上。

从当前掌握的信息来看，笔者没有办法说服自己看好这个行业，所以宏观层面的分析工作暂时搁置。

梳理一下，业务层面的分析逻辑如图 8.4 所示：

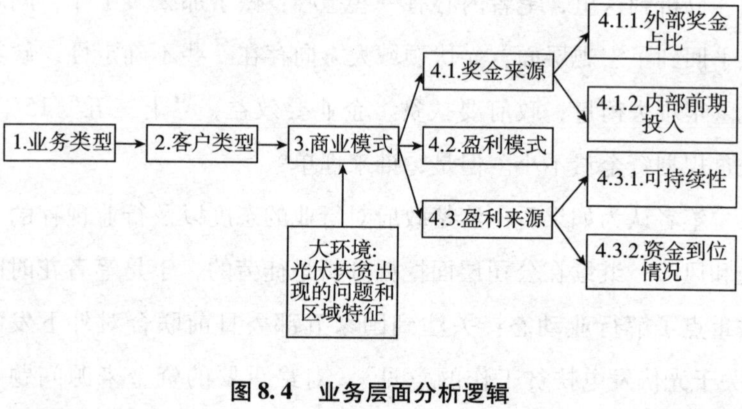

图 8.4　业务层面分析逻辑

业务层面分析暂且告一段落，接下来对企业财务情况展开初步分析。该部分，笔者通过抓住以下两个关键点，用数据解读企业的经营状况。第一是重点科目；第二是重点变化。

二、财务分析

财务分析需要聚焦重点科目，通过数据变动的解读来还原业务实质。

第一步，关注最近一期的年度报告（20X3 年），通过对企业业务和商业模式的了解，确定了以下几个科目作为重点分析对象：应收账款、存货、固定资产、无形资产和短期借款。第二步，历史同期业绩对比。笔者将 20X1—20X3 年三年财务数据进行整理和对比，如表 8.5、表 8.6 所示。

笔者发现，企业每年都能保证业务的高速增长和发展，而同时负债金额的增长也比较显著。

笔者初步感知，公司区域经营属性明显，即和政府保持良好的合作关系，在光伏扶贫区域大环境的主导下，通过借贷垫资承接政府光伏 EPC 订单，完工回款完成收入。需要关注的问题是订单是否可持续，特别是从历史业绩来看，EPC 业务收入平均贡献率超过 50%，特别是在 20X3 年，收入占比达到 72.37%。EPC 业务本身不分享后续运营收入，所以不够持续。另外，政府关系或者企业在当地的影响力是一个无法量化的指标，需要实地访谈感知。以笔者的经验，如果行业属于资金驱动型、政策补贴导向型和资源订单导向型，且公司本身不具有明显的研发能力和技术储备，只做来料加工或者总包类的业务，则渠道关系是企业未来发展最重要的因素。

那么，其他板块类业务是否会成为企业未来业绩增长点呢？数据说话，回到表 8.5，纵观过去 3 年，作为企业三大业务之一的充电桩业务，仅在 20X3 年实现收入贡献率大幅提升，从20X2 年的 418 万元增长到 2250 万元，收入贡献度翻了 3 倍。管理层对此的解释是：建设完成并验收完毕 B 市公交公司场站 5 个，在建 5 个，已投入运营；建设完成并验收完公交公司场站 2 个，已投入运营。公交公司实质上也是政府埋单，充电桩市场上主流产品很多，国企和央企更具有话语权，如国家电网、中国普天等。充电桩的建设涉及城市规划、建设用地、建筑物及配电网改造、居住地安装条件、投资运营模式等方面，利益主众多。民营企业先天不足，挑战很大，这里不展开叙述。笔者初步感知到充电桩业务的实质也是靠政府订单的获取，需要直接和间接地与政府处好关系。区域性发展取决于地域新能源汽车消费水平和政府补贴程度，就 XX 能源所处区域来看，该块业务发展的不确定性较大。报表中 PPP 项目运营收入从字面理解应该属于光伏板块中的投资运营收入，20X3 年贡献度不到 1%，可以忽略不计，这是不是更加证实了笔者开篇的想法，该企业最核心的业务是光伏电站 EPC 收入？读者可能要问，光伏产品收入贡献度 14.27%，也有 3400 万元啊，存量很大啊。但是我们发现其增长不稳定，上年同期该类收入将近 5200 万元。

表 8.5　XX 新能源股份有限公司 20X3 年财务分析　单位：元

一、盈利能力			
本期	上年同期	增减比例	
营业收入	242627493.23	119498392.66	103.04%
毛利率	20.32%	19.75%	
归属于挂牌公司股东的净利润	25628231.87	12567476.17	103.93%
归属于挂牌公司股东的扣除非常性质益后的净利润	13919493.52	8334619.27	67.01%
加权平均净资产收益（依据归属于挂牌公司股东的净利润计算）	18.14%	15.09%	
加权平均净资产收益（归属于挂牌公司股东的扣除非经常性损益后的净利润计算）	9.85%	10.01%	
基本每股收益	0.25	0.14	78.57%
二、偿还能力			
本期期末	上期期末	增减比例	
资产总计	416506768.34	259123705.55	60.74%
二、偿还能力			
负债总计	257094141.33	136003959.15	89.03%
归属于挂牌公司股东的净资产	159112627.01	123119746.40	29.48%
归属于挂牌公司股东的每股净资产	1.50	1.22	22.95%
资产负债率（每公司）	59.56%	47.57%—	
资产负债（合同）	61.73%	52.49%	—
流动比率	0.91	0.81%	—
利息保障倍数	10.31	17.01%	—
三、营运情况			
本期期末	上期期末	增减比例	
经营活动产生的现金流量净额	-17587169.97	-19296420.82	—
应收账款周转率	2.48	5.61	—

续表

四、成长情况			
本期	上年同期	增减比例	
总资产增长率	60.74%	77.74%	—
营业收入增长率	103.04%	209.18%—	
净利润增长率	103.93%	210.73%	—

表 8.6　XX 新能源股份有限公司 20X1—20X3 年财务关键指标分析

关键指标	**20X3 年报**	**20X2 年报**	**20X1 年报**
营业收入/元	2.42 亿	1.19 亿	3865.07 万
净利润/元	2562 万	1256.75 万	404.44 万
每股指标			
每股收益	0.25	0.14	0.27
每股经营现金流	-0.16	-0.19	0.51
盈利能力			
净资产收益率	18.14%	15.09%	23.85%
销售毛利率	20.28%	19.75%	29.44%
存货周转率	10.47	7.63	11
资本结构			
资产负债率	61.73%	52.49%	82.74%
成长能力			
净利润同比增长率	103.94%	210.73%	314.92%
营业收入同比增长率	103.04%	209.18%	-6.11%

基于对公开市场信息的分析，笔者初步感知该企业发展取决于以下两个因素：①区域政策力度；②区域政府关系维护。

结合上述分析中所提到的问题，需要进一步与企业沟通。

附　录

附录一　苏美达资本实习生感言

“苏美达资本 PE 菁英计划”第一期于 2017 年 7 月 10 日正式启动，到 8 月 11 日完美落幕。1 个月的时间里，来自国内外一流学府的 14 位优秀实习生在苏美达资本团队的悉心指导下，表现出了卓越的个人能力和良好素养，以优异的成绩为实习生涯画上了圆满句号。

在最后的实习结业典礼上，实习生们纷纷表示，在苏美达资本实习的这段时间是多么地精彩难忘，感觉时间过得太快，真的不愿就此结束。每家企业都会提供实习机会，为什么苏美达资本能给他们留下如此深刻的印象？

亮点一

苏美达资本团队及外部精英倾心打造了专场培训课程，从基础知识到实践运用，从国家政策到规章制度，多角度传授知识，丰富知识体系。

“诸位老师的课程迅速为我们填补了私募股权基金的基础知识，并佐以案例精讲，短时间内让我对PE行业有了较为深刻的了解。”

——陆同学，南京大学金融工程专业

亮点二

施行任务导向制的高效工作方式，在进行行业精细化研究时，合理的任务分工、高效的协同配合，让每位学生的能力都得到了最大发挥。

“苏美达资本也给了我们众多其他实习经历不到的机会。印象最深的是对一家医疗科技企业作投资分析，在段经理的指导下，我们由原来对行业的一无所知，到一个中午群策群力后能初步对此行业企业作出一个优劣的判断，其中能力的提升不言而喻。”

——梁同学，美国波士顿大学管理学专业

亮点三

苏美达资本团队言传身教，建立“一对一”带教机制，全方位指导工作，随时答疑解惑。

“苏美达资本对我们的关心也是远胜于其他实习单位的。苏美达资本给我们每个人分配了指导老师，全程授业解惑。”

——梁同学，美国波士顿大学管理学专业

亮点四

安排实习生参观学习优秀企业，了解企业初创、成长及成熟等各个阶段的组织框架、管理模式及经营亮点，以对企业有更加直观的认知。

“上午安排参观了苏美达五金公司，从企业的发展历程到具体的实际运营，通过工作人员的讲解，我深刻体会到一个优秀的企业是如何把每一个细节做到极致的。”

——马同学，南京大学经济学专业

亮点五

安排“每日分享会”，让实习生有机会讲述自己的求学经历、生活见闻以及未来发展规划等，在相互了解的同时得到启发。

“11 个实习生，每个人都进行了个人分享，他们带我进入了很多我不曾知晓的领域，就像看了 10 部不同风格的电影，各有各的起承转折，仿佛在不同的时空中穿梭，‘听君一席话，胜读十年书！’”

——陆同学，南京大学金融工程专业

亮点六

采用班主任负责制，全程配备专人负责实习生的工作安排及基本安全保障工作，并辅以多种多样的团建活动，尽显良好的人文关怀。同时，苏美达资本的校友群体日益壮大，其中有来自美国南加州大学、罗切斯特大学、波士顿大学、美利坚大学，澳大利亚昆士兰大学，南京大学等国内外著名高校的众多优秀学子。

“一起实习的小伙伴们在紧密的团队合作中也建立了深厚的革命友谊，大家一起庆生聚餐，秘密策划惊喜，共同度过了一段段充实又难忘的时光。”

——朱同学，美国罗切斯特大学

附：实习生情况

1. Stephanie HAND

美国美利坚大学国际关系学本科生，南京大学海外教育学院交流生

2. 陆同学

南京大学商学院金融工程专业本科生

3. 黄同学

南京大学行政管理专业本科生，辅修经济学

4. 马同学

南京大学政治经济学专业硕士研究生

5. 秦同学

南京大学英语专业本科生，辅修金融

6. 冯同学

南京大学数学系统计专业本科生

7. 尤同学

南京大学社会工作学本科生，第二专业法学

8. 顾同学

美国俄亥俄州立大学—费舍尔商学院会计学士

美国南加州大学—马歇尔商学院会计硕士研究生

9. 梁同学

美国密歇根州立大学经济学学士

美国波士顿大学管理学硕士研究生

10. 蒋同学

南京林业大学轻工科学与工程学院轻化工程专业硕士研究生

11. 徐同学

北京师范大学数学专业学士

美国卡内基梅隆大学信息系统管理专业硕士研究生

12. 陈同学

中山大学法学专业学士

南京师范大学经济法专业硕士研究生

13. 王同学

河海大学市场营销专业学士研究生

河海大学企业管理硕士

14. 赵同学

英国伦敦大学国王学院政治学专业本科生

附录二　苏美达资本实习生实习手册

苏美达资本菁英计划实习生陈同学实习手册

实习记录编号：1

时间：2018 年 4 月 23 日

今天是进入苏美达资本实习的第一天，有幸跟一位从事律师事务 12 年的资深律师学习，在律所的实习和在私募基金的实习完全不一样，私募基金更侧重于风险的提前预估与控制，除了法律风险，还包括行业风险、财务风险、宏观风险等，从内外的角度来讲，包括内部风险和外部风险，作为风控部门，首先要通过内部控制制度对内部风险加以防范。

内部风险是由私募股权基金内部因素引发的风险，这种风险不同于外部风险，可以利用有效的方法与手段去规避甚至消除。内部风险主要包括信用风险、道德风险和操作风险三个方面。

（1）信用风险。私募投资交易的任意一方未按照合约的规定执行从而造成责任缺失而诱发的风险，都必然会损害另一方的利益。信用风险存在于从项目选择到最后退出的整个流程，因此，对信用风险的控制是保证私募投资流程顺畅运行的关键所在。

（2）道德风险。道德风险普遍存在，这与投融资双方的个人欲望及素质、修养密切相关。道德风险是指在投资融资过程中，其中一方在实现自身利益最大化的同时却损害另一方利益的行为。对于私募股权基金而言，是指投资经理出于一己私利的考虑，在尽职调查过程中没有做到客观公允，被投资方的眼前利益拉拢，或是为了获得更高的佣金与奖金，在出具报告过程中有偏袒受资方或得出高于实际情况的估值的行为。

（3）操作风险。操作风险是指在私募投资过程中，由于产品技术水平、企业管理层能力、内部控制失效等因素造成的风险。由于未来的增长形势与市场情况无法准确预测，项目的估值过高会导致融资金额投入过高，影响股权的比重，使投资收益率下降。

实习记录编号：2

时间：2018 年 4 月 24 日

由苏美达资本控股有限公司和中伦律师事务所联合举办的“金融强监管下的私募股权基金运作高峰论坛”在今天举行。

本次论坛汇集了来自苏美达资本、中伦律师事务所、广州证券、法国安麟资本等业内知名专业机构的私募股权基金领域专家精英，深入剖析监管思路，分享专业见解与实操方案，与现场百余名参会者共同探讨金融强监管背景下的私募股权基金合规、创新发展之道。

在随后的主讲嘉宾环节，包括苏美达资本总经理冯斌先生，广州证券创新投资管理有限公司总经理潘峰先生，中伦律师事务所合伙人、资本市场部联席负责人陈芳女士，中伦律师事务所合伙人李静先生，中伦律师事务所南京办公室主任唐建辉先生，法国安麟资本中国区投资主管温潇琪女士，苏美达资本投资总监夏晨先生等在内的七位嘉宾在私募股权基金领域均有着深厚的专业知识与丰富经验，他们围绕论坛主题，带来了非常精彩且具有学习借鉴意义的分享，虚实结合，深入浅出，既有扎实的理论功底，又兼顾详尽的实践指导，让我受益匪浅、意犹未尽。

实习记录编号：3

时间：2018 年 4 月 25 日

今天有幸跟我的主管上司（也是我的指导老师）作了一番深入交流。由法律行业转入私募基金行业，由律师转为风控部总监，既是一次挑战，也是职业生涯的一次大转变，之前在律所所作的和私募最相关的工作可能就是法律尽职调查了，但进入私募基金以后，视野范围更加广泛了，从法律技能，行业技能，再到财务技能都需要进一步的提升，法律也不再仅仅是法律尽职调查，风控部更应该设计完善整个风控制度和体系，能够从风控制度对公司内部运作流程与要点作用的角度考虑私募基金运作，从公司管理的角度去理解风控，更为重要的一点是，风控部或者说是法律部不再是一个完全独立的部门，应当考虑与其他部门的协作，如投资部。

实习记录编号：4

时间：2018 年 4 月 26 日

由于我们公司的主要投向之一就是新能源领域，今天被安排审核了一份有关新能源的有限合伙型私募基金合同。

在有限合伙型私募股权基金中，有限合伙协议是约定有限合伙人（Limit Partner，LP）、普通合伙人（General Partner，GP）之间权利义务关系以及有限合伙基金运作、治理、合伙人退出等内容的重要法律文件，更是有限合伙企业存在的灵魂和基石。有限合伙协议的核心条款是规范当事人权利和义务关系的条款，对于协调和平衡各方利益至关重要。

根据中国证券投资基金业协会（以下简称“中国基金业协会”）公布的《私募投资基金合同指引 3 号（合伙协议必备条款指引）》的规定，有限合伙协议包括合伙人出资、权利与义务、执行事务合伙人、合伙人会议、管理方式、托管、投资事项、利润分配与亏损分担等 21 部分内容，对一份合伙协议进行完全的审核对于刚入职的我来说还有些许困难，还需以后加深对合伙协议的理解与认识。

实习记录编号：5

时间：2018 年 4 月 27 日

实习中，我见识到了一种结构化的私募基金合伙协议，是指在一个投资组合下，对基金收益或净资产进行分解，形成两级或多级（我国一般是形成两级，即优先、劣后）风险及收益具有一定差异的多个基金份额的一类基金。

之所以谈及产品设计方式，是因为在私募基金在募集之时，需要考虑到合格投资者（关于合格投资者的要求）的需求，即在基金产品募集之时，对于潜在的资金方，可区分为低风险偏好者、高风险偏好者。若希望在一个基金产品中同时满足这两类低风险偏好者、高风险偏好者资金方的需求，则结构化的设计方式就有了用武之地。

结构化的基金大致可概括为 3 种：①风险对冲型指优先级和劣后级均没有固定的预期收益率。当产品产生收益时，收益的一定比例要分配给劣后级；当产品发生亏损时，由劣后级本金补偿优先级本金。②固定收益型指优先级有固定的预期收益。当产品产生收益时，优先级先拿走有固定的预期收益，超过部分全部归劣后级所有；当产品发生亏损时，由劣后级本金补偿优先级本金及收益。③混合型指优先级既有预期固定收益，又有浮动收益。在产品合同中规定一个较低的预期固定收益；优先级收益超过该固定收益的部分，再按一定比例分配给劣后级；当产品发生亏损时，由劣后级本金补偿优先级本金及预期收益。

实习记录编号：6

时间：2018 年 4 月 28 日

昨天，中国人民银行、中国银行保险监督管理委员会、中国证券监督管理委员会、国家外汇管理局联合印发的《关于规范金融机构资产管理业务的指导意见》（银发〔2018〕106 号）正式对外发布。

资管新规按照产品类型统一监管标准，从募集方式和投资性质两个维度对资产管理产品进行分类，分别统一投资范围、杠杆约束、信息披露等要求。坚持产品和投资者匹配原则，加强投资者适当性管理，强化金融机构的勤勉尽责和信息披露义务。明确资产管理业务不得承诺保本保收益，打破刚性兑付。严格非标准化债权类资产投资要求，禁止资金池，防范影子银行风险和流动性风险。分类统一负债和分级杠杆要求，消除多层嵌套，抑制通道业务。加强监管协调，强化宏观审慎管理和功能监管。

从我对新规的理解以及同事对新规的探讨，资管新规可能会对私募基金产生以下影响：

首先，从资金端来看，资管新规向上穿透了合格投资者。资产管理产品的投资者分为不特定社会公众和合格投资者两大类。合格投资者是指具备相应风险识别能力和风险承担能力，投资于单只资产管理产品不低于一定金额且符合特定条件的自然人和法人或者其他组织。

其次，资管新规对于私募股权基金的产品设计和交易结构也会产生深远影响。新规中规定，“重点针对资产管理业务的多层嵌套、杠杆不清、套利严重、投机频繁等问题，设定统一的标准规制，同时对金融创新坚持趋利避害、一分为二，留出发展空间”，“金融机构不得为其他金融机构的资产管理产品提供规避投资范围、杠杆约束等监管要求的通道服务”等。而这意味着此前市场上常见的“银行理财＋私募基金”“保险资管＋私募基金”“非金融机构 + 私募基金”等模式都将被禁止。

最后，资管新规向下穿透了底层资产，私募股权基金资金池运作被禁止。这意味着此前银行理财等资金通过资管计划投资私募股权基金时通常采取的“滚动发行”、期限错配、分离定价等操作均不再可行，相关涉嫌资金池的操作将被禁止。

实习记录编号：7

时间：2018 年 5 月 4 日

根据基金业协会的指引以及对公司内部管理制度的阅读，王总让我通过思维导图的方式实现对内部管理以及控制制度的全面了解，也可以实现对内部管理制度不足的查漏补缺。

私募基金完整的内部管理及风控制度涉及适当性管理制度、投资决策制度、投后管理制度、信息披露制度、财务管理制度、人员管理制度、技术系统控制以及内部审计制度等，其中最重要的是前四个方面，这也是基金业协会审核的重点。

其中，适当性管理制度是指机构在销售产品或者提供服务的过程中，根据投资者的风险承受能力，向其销售不同风险等级的产品或者服务，把合适的产品或者服务卖给合适的投资者。

这一制度至少应包括六方面内容：对基金管理人进行审慎调查的方式和方法；对基金产品或者服务的风险等级进行设置、对基金产品或者服务进行风险评价的方式或方法；对投资者进行分类的方法和程序、投资者转化的方法和程序；对普通投资者风险承受能力进行调查和评价的方式和方法；对基金产品或者服务和投资者进行匹配的方法；投资者适当性管理的保障措施和风控制度。

另外，基金募集机构禁止以下行为：向不符合准入要求的投资者销售基金产品或者服务；向投资者就不确定的事项提供确定性的判断；向普通投资者主动推介风险等级高于其风险承受能力的基金产品或者服务；向普通投资者主动推介不符合其投资目标的基金产品或者服务；向风险承受能力最低类别的普通投资者销售风险等级高于其风险承受能力的基金产品或者服务等。

实习记录编号：8

时间：2018 年 5 月 8 日

来到苏美达资本实习之前，公司的几个基金项目基本已经完成备案，因此有必要我自己展开独立研究，看看一只私募基金的产品备案流程到底如何。

根据相关的政策文件以及向同事请教，我了解到备案需要到中国证券投资基金业协会官网进行，在选择新增基金备案时，应当注意对基金类型的选择，包括私募证券投资基金，创业投资基金、私募股权投资基金以及相对应的 3 类 FOF 基金，共 6 种。

之后就是基金预备案信息填报（先保存，不提交），包括管理人信息、产品基本信息、结构化与杠杆信息，其中基本信息包括基金全称、业务模式（既募集又投资/只募集/只投资）、投资范围（可先简单填写，待正式备案时，需修改为与合同投资范围保持一致）、基金类型、成立日期与到期日、实缴出资额、是否存在保底、保收益情形（选择“否”）、主要投资方向（可复制基金合同里的投资范围）、备案主要联系人以及管理人/投顾认为需要说明的问题（例如，实际规模未达到目标规模的或规模小于1000万元的，需写：本基金已经募集结束）

财务杠杆倍数＝（银行贷款＋其他借款）/基金资产净值；

结构化产品杠杆倍数＝结构化产品募集总额/劣后级产品募集额；

合成杠杆倍数，是指运用衍生工具形成的杠杆倍数，即合成杠杆＝（衍生工具名义价值－保证金额）/保证金额。

实习记录编号：9

时间：2018年5月12日

由于之前探讨的是基金的预备案，待募集结束正式备案时，点击“修改”按钮，继续填写或修改预备案时填写的信息。

募集信息

（1）募集方式

选择“自行募集”或“委托募集”；若为管理人自行募集：募集机构名称填写管理人名称。

（2）募集结算资金专用账户

账户名称账号、开户银行名称请填写募集账户信息，参照基金合同。合同中有募集账户信息。

（3）监督机构名称

如选择使用由托管外包机构名义开立的募集账户，请选择相应的托管外包机构。

（4）合同信息

托管及外包服务机构信息

1）是否有外包机构，是否已在协会登记

2）基金服务外包机构名称

3）备案编号

4）服务类型

投资经理或投资决策人信息

投资者信息

相关附件上传［管理人盖章的机构承诺函；投资者签字、管理人盖章、托管方盖章的基金合同；投资者风险问卷调查；募集结算资金专用账户监督协议；计划说明书/招募说明书/推介材料；私募基金合同（word版）；投资者明细；风险揭示书；托管到账证明；外包服务协议；］

确认无误后就可以点击提交了。

实习记录编号：10

时间：2018年5月15日

由于公司成立的一只基金的投向是分布式光伏项目，现由我和另外一位负责财务和行业的同事撰写尽职调查报告，一般情况下，法律尽职调查、财务尽职调查以及商务尽职调查是分开来进行的，但由于本项目旨在收购项目公司，其财务状况基本为无；关于业务尽职调查，其业务运作模式也基本熟知，因此，将本项目的3项内容合为一份，财务部分涉及财务测算以及资信能力，商务部分涉及业主尽职调查以及行业研究。

这是我第一次如此深入地参与一个项目的尽职调查，而且要与其他尽职调查合作，既是一种挑战，也感到无比兴奋，如本项目的行业政策法规以及政策补贴对财务测算结果极其重要，所以要做好及时沟通，同时要根据财务测算模型所涉及的因素不断完善自己的法律尽职调查内容。

尽职调查的目的有三方面：价值发现、风险发现和投资可行性分析。

（1）价值发现：尽职调查的作用除了验证过去财务业绩的真实性外，更重要的在于预测企业未来的业务和财务数据，并在此基础上对企业进行估值。根据尽职调查所发现的风险，投资人可以对目标公司作出进一步估值调整，得出符合目标企业实际价值的估值结果。

（2）风险发现：基金管理人需要收集充分的信息，全面识别投资风险，评估风险大小并提出风险应对的方案。企业经营风险、股权瑕疵、或然债务、法律诉讼、环保问题以及监管问题都是考察的内容。最终在交易文件中可以通过陈述和保证、违约条款、交割前义务、交割后承诺等进行风险和责任的分担。

（3）投资可行性分析：尽职调查还有助于交易各方了解投资的可操作性并帮助各方确定交易的时间表。

实习记录编号：11

时间：2018 年 5 月 17 日

为了能够更好地开展尽职调查，通过请教同事、查看行业报告以及对阅读相关文章，对分布式光伏的开发流程有了大致了解，使我能够更加全面地开展尽职调查。

其大致包含了五个阶段

第一阶段：项目前期开发

第二阶段：项目公司注册

第三阶段：项目报批（发改部门备案 + 电网公司接网批复）

第四阶段：项目建设

第五阶段：项目验收（电网公司并网验收 + 集团公司项目验收）

涉及项目公司与屋顶业主的关系、项目公司与 EPC 承包方的关系、项目公司与政府的关系、项目公司与银行的关系、项目公司与电网公司的关系，每个关系出现差错都会导致项目出现重大问题。

实习记录编号：12

时间：2018 年 5 月 31 日

经过本月的不断奋斗，我和同事几近完成了 6 个项目公司的尽职调查报告，几易其稿，不断加深这对这个行业的理解，从分布式光伏项目是否需要招投标、国资是否需要评估问题、光伏补贴的变动问题、分布式光伏自发自用余额上网模式以及全额上网模式对 IRR 和 ROE 的影响、屋顶租赁合同的审核要点、加固安装费用的承担主体问题、业主拆迁问题、业主不配合情况下的尽职调查、光伏行业的税收政策等，我们的尽职调查报告不断完善。

但是今日，国家政策出现了重大变化，补贴下调 0.05 元；明确各地 5 月 31 日（含）前并网的分布式光伏发电项目纳入国家认可的规模管理范围，未纳入国家认可规模管理范围的项目，由地方依法予以支持。

这直接导致本项目无法获得政策补贴，项目亏损严重，因此项目被暂时搁置。

实习记录编号：13

时间：2018 年 6 月 4 日

6 月是一个新的开始，这个月的工作重点在 ODI 制度，即境外直接投资的核准与备案制度，由于涉及外汇的流出，我国分别由发改委、商务部以及外汇管理局 3 个部门对境外直接投资进行监管。

基于习惯，首先对这个制度的相关政策文件进行了汇总。

2018 年 1 月 18 日，商务部、国资委、人民银行、银监会、证监会、保监会及国家外汇管理局联合发布《对外投资备案（核准）报告暂行办法》（“24 号文”），“24 号文”的发布在发改委于 2017 年 12 月 26 日发布《企业境外投资管理办法》（“11 号令”）后，引发了境内企业及相关领域专业机构对境内企业境外直接投资（Outbound Direct Investment，“ODI”）监管的关注，这两个文件也是当前对 ODI 进行监管的主要文件。

在发改委层面，“11 号文”主要涉及以下几个方面：

（1）ODI 监管范围。纳入“11 号文”监管的 ODI 活动包括：境内非金融企业和金融企业（“投资主体”）(a) 直接或 (b) 通过控制的境外企业投资（“间接”），(i) 投入资产、权益或 (ii) 提供融资、担保等，从而获得境外所有权、控制权、经营管理权及其他相关权益的投资活动。另外，“11 号文”以列举的形式指明了 8 项纳入 ODI 监管的投资活动，尤其明确包括“新设或参股境外股权投资基金”和“通过协议、信托等方式控制”的投资活动将直接适用 11 号文。

（2）告别“小路条”。在 9 号文监管下，投资主体需要在对外开展实质性工作前向国家发改委报送项目信息报告并取得确认函（“小路条”），“11 号文”取消了该制度。

（3）事前监管与事中事后全覆盖。“11 号文”简化了发改委 ODI 手续的事前环节，但增强了对 ODI 项目事中事后的监管。

实习记录编号：14

时间：2018 年 6 月 8 日

今天和我的主管探讨了法务与外部律师的关系问题，虽然公司有自己的风控部，有负责法律事务的同事与主管，但公司仍会与外部律师签订服务合同，据了解，正式的尽职调查是由外部完成的，我一直在考虑的一个问题是如何实现内部与外部的合作共赢。

也许对于一个挣扎在亏损与盈利边缘还在为温饱而奋斗的企业来讲，节省开支是第一位的。但对于一个稳步健康发展的企业来讲，尤其是私募基金外部律师不可或缺。俗话说，术业有专攻，法务和律师虽然同为法律工作者，但却因为职责分工不同，功能定位也应当不同。另外，即使法务向老板拍胸脯保证自己可以独立完成法务工作，老板也不会直接把这笔省下的外部常年律师顾问费用加到法务的头上。因为老板只会因为看到你的重大工作成效而给你加薪。

法务的优势是，了解企业所在行业和公司发展状况，熟悉公司管理模式及企业战略文化等，在为企业提供法律建议、纠纷解决方案时，更能够考虑到公司的个案情况，且与公司高层及其他部门更方便配合协助，第一时间精确掌握案件信息。

律师的强项在于，具有专业的处理诉讼和仲裁的能力，熟悉司法程序和相关法律条款，且处理重大和复杂法律纠纷案件的经验丰富，并拥有一定的司法资源，有助于案件的快速解决。

对于私募机构来讲，聘用外部律师最重要的一点是实现责任转移，最终尽职调查的责任会归于律所，而非私募机构本身。

实习记录编号：15

时间：2018 年 6 月 13 日

今天，总经理给我安排了一项研究任务：对比中美内部交易制度的主体认定。

起初，美国法院和立法的态度都是以信息平等理论为出发点，即采用“公开或拒绝交易”理论来规制所有获得内幕消息的人，这在最大程度上杜绝了内幕交易，但法院逐渐发现，应当区分内部人士掌握的内幕信息和外部人士研究获得的外部信息，原则上，法律只禁止利用前者实施交易，所以“忠慎义务”理论逐渐取得了上风，但这又走到了另外一个极端，即规制的范围过于狭小，仅仅能够打击公司董监高和大股东等对公司和股东负有忠慎义务的人员，对于外部人员获取内幕信息无法有效规制，一方面，SEC 利用授权对规则进行了一定的改动，试图在收购领域采用信息平等理论；另一方面，法院逐渐在判例中采纳了“信息窃用”理论，此理论的内涵也在不断地丰富当中，但其内容的核心包含两个方面：一是 misappropriation 强调的是最终结果和目的上的不正当性，而非手段上的不正当性，在这一点上可能是我国证券法错误规定以非法手段获取内幕信息的人的原因；二是强调忠慎义务的传递性，在这一点上，1934 年《证券交易法》本身并没有专门打击内幕交易的规则，这方面的现有规则是基于反欺诈规则［Section 10（b）］演化而来。因此，要追究接受透风者的责任，免不了要设法认定其对证券发行人实施了欺诈，但前者往往对后者不负有坦诚相待的义务。于是，为认定接受透风者的欺诈行为，就不得不将其当作透风者欺诈行为的合谋者。这样一来，透风者的动机和接受透风者对此的知情，成为追究后者责任少不掉的条件，若透风者属于善意，接受透风者也将无法追究其责任。

实习记录编号：16

时间：2018 年 6 月 18 日

实习中会遇到一些英文合同的审阅，有些英文合同的确很长，但是审查合同的目的是关注交易实质，而英文合同中有很多的条款都是格式条款，真正和交易实质相关的条款主要也就是集中在双方的权利和义务上，在合同的履行这些方面，重点关注这些条款就可以了。在开始审核之前，了解交易的背景，跟客户了解其希望达到的目的和他们关注的要点也很重要。因为合同审核的目的也不过是确保双方在商务谈判中达成的要旨能清楚地体现在文本当中，而且在一方发生违约的时候，另一方能够得到适当的救济。所以进行合同审核的时候，无论是中文合同还是英文合同，我们需要重点关注的都是双方的权利义务的表述、付款条款、陈述和保证等商务条款，以及违约金、纠纷解决方式等法务条款。要审核好英文合同，英文基础很重要。英文基础也就是说词汇量和英文语法等知识储备，只有英文功底扎实，才能把英文合同读懂。但是仅仅能读懂还不够，因为我们还需要修改合同，所以英文的写作能力也很重要。

尤其首先要具有相应的英美法系的知识，熟知相关术语的含义。其次要适应英美法系合同的范式和行文风格，包括一些“必备”的条款，如 Representation & Warranty；Force Majeure；Confidentiality；Anti – commercial Bribery 等。一般涉及比较复杂的大型合同，会有较多的“Definition”条款，需要尤为注意其中的具体解释是否周严。

实习记录编号：17

时间：2018 年 6 月 21 日

在基金项目尽调的过程中，往往会与财务金融方面的同事合作，虽然没有像正规的尽调那样，分别写三份尽调，但在合作的过程中，既感觉到了差异，也感觉到了一些共通点。

在不同点上，一是两者的调查范围不同。法律尽职调查的范围主要是目标公司的组织结构、资产和业务的法律状况和诉讼纠纷等方面的法律风险；财务尽职调查的范围主要是目标公司的资产、负债等财务数据上的财务风险和经营风险。

二是两者对同一事实的调查角度不同。例如，两者的调查中都包括目标公司享有地方政府给予的“先征后返还”的税收优惠政策，会计师主要审核的是返还税款的数额、时间和账务处理的合理性问题，而律师审查则侧重于此种税收优惠政策的合法性问题。

在共通点上，律师要做好法律尽职调查工作，必须借助会计师的专业经验，才能达到事半功倍的效果。在法律尽职调查过程中，有时凭直觉会认识到目标公司提供的资料或告知的资讯存在这样或那样的问题，但无法获取证据，一筹莫展。此时，律师如果与进行财务尽职调查的会计师沟通，从会计凭证、会计账簿、财务会计报告人手，往往会“柳暗花明又一村”。

实习记录编号：18

时间：2018 年 6 月 28 日

一旦尽调完成，或着手开始收购事宜，最主要的就是对交易框架的设计。

（1）第一种交易模式：资产收购

为了消除隐藏和未知成本，资产购买是投资者的最佳做法。尽管在购买协议中可以明确约定在资产出售时买方承担的责任，这使得买方能够避免或然或未知的责任。但是，包括环境法或税法在内的一些法律可能会对买方施加某些义务。

为了将某些资产从卖方转移到买方，可能需要第三方同意，因为许多合同经常明确声明，如果没有第三方的同意，它们不能出售。为避免因花费时间去识别和取得同意而拖延交易，各方应提前识别所有需要的第三方同意并获得同意。

资产收购最重要的优势是多数决，即其批准通常只需要超过50%的股东同意。

（2）第二种交易模式：股权收购

股权收购更快、更容易，因为不需要第三方同意或其他与资产收购相关的法律文件。买方的问题在于，如果需要多数股东出售其股权，那么购买足够的股权来达到拥有公司所有权并实现合并的目标会变得不切实际、复杂和困难，除非所有股东都愿意出售其股票，否则买方将不会得到全面控制权。股东人数过多增加了“敲竹杠”、长期谈判和其他并发症的风险。

（3）第三种交易模式：合并

在传统的合并类型中，通常是两家现有公司联合形成一个商业实体。对于这种交易结构，目标公司的股东可能会收到现金，买方的股权或两者兼而有之。在所有权转移方面，并购交易类似于将所有资产和负债转移给买方的股权收购。从卖家的角度来看，合并的关键优点在于它只需要占大多数目标股东的同意。

实习记录编号：19

时间：2018 年 7 月 4 日

今天审核了一份英文保密协议。在交易的初始阶段，因标的资产、股权或业务等的拥有人，或目标公司的股东等（为叙述的简便，以下统称为“出售方”）需向收购方披露有关交易标的的相关信息。因此，按照惯例，在该出售方披露相关信息前，出售方会要求潜在收购方出具单方的《保密承诺函》，或与潜在收购方签署《保密协议》等。考虑到在交易进展的过程中，收购方也有披露自身某些敏感信息的必要性，例如，为了向出售方证明自己的履约能力而披露资信方面的相关信息等，在此种情况下，较好的解决方案，就是双方签署一份双边的《保密协议》，或双方互签条件相同的保密承诺函。在查看了英文的保密协议后，我发现原来简单的保密协议也有如此多的地方需要深究。

我们应从以下四个基本层面进行判断：一是签约双方签署合约时的基本判断；二是和保密信息相关的条款；三是与保密期限相关的条款；四是保密具体行为条款的安排；五是保密协议的技术性条款和商务条款；六是保密协议的法律风险类条款等。

实习记录编号：20

时间：2018 年 7 月 10 日

作为并购交易的惯例，一旦交易双方进入相对实质性的谈判阶段，为使谈判进程更为高效，通常首先由交易双方的商务人员（而非法务人员或外部法律顾问）对交易的具体商务条件，如交易价格、付款安排、交割条件等事项，进行谈判，并以“条款清单”的方式对双方商务人员达成的共识予以记录和描述。就其重要性而言，条款清单是整个交易中非常关键的文件之一。但通常而言，条款清单并非正式的合同，也没有正式的合同应该包含的条款，如有关适用法律和争议解决方式的约定等，因此条款清单并无法律拘束力。相比于同样不具有法律拘束力的备忘录，二者主要的不同点在于：备忘录的记录一般较为笼统模糊，而条款清单对于商务条件的描述通常是非常清晰具体的，初具主交易文件的雏形。

典型的投资条款清单一般包含以下五个方面的内容：

（1）交易框架。投资金额、投资估值、证券类型以及交割的先决条件。

（2）公司治理。董事会的构成以及任命，投资者保护性条款（Protective Provisions）。

（3）投资者的相关优先权。包括但不限于优先购买权、跟售权、领售权、投资者知情权、优先清算权、优先股利、反稀释、表决权（投资者的一票否决权）和回购等权利。

（4）对创始公司和创始人的限制。包括但不限于转让限制、员工期权、股权兑现以及排他期。

（5）其他一般性条款。包括但不限于费用承担、保密以及约束力。

实习记录编号：21

时间：2018 年 7 月 13 日

今天，某家基因测序公司过来募资。近年来，基因技术毫无疑问成为炙手可热的前沿生物科技领域代名词。随着全球基因产业的飞速发展，基于人类基因数据库采集与分析的先天性优势，我国基因行业技术迅速获得突破，基因测序市场增速明显，产业也逐步从幼稚走向成熟。

基于良好发展前景的预测，A 股基因行业上市公司在市值和估值方面表现高涨，但总体上已然趋于理性。与投资的火热相比，基因产业发展却不如表面那么光鲜亮丽。

不可忽略的一点是，国内基因测序市场正在逐渐走向成熟，即便戴着高科技的帽子，商业化后面临激烈的市场竞争，基因行业公司无疑边要和众多一般行业公司一样，面临抢占市场、回馈业绩等方面的压力。届时，群雄逐鹿也会向寡头竞争演化，出局者将会越来越多。相对应的，基因测序的真正价值不应与虚无缥缈的天赋检测等词汇挂钩，其未来价值将体现于借助基因编辑等手段实现基因治疗，届时才将迎来基因产业大爆发。

实习记录编号：22

时间：2018 年 7 月 18 日

外出访谈的对象主要分为三类：一是对象本身，二是对象的客户，三是对象的供应商，其中对客户的访谈最为困难，其往往不会提供一些较为机密的信息，为此，我们可能需要从各个侧面去印证我们需要得到的尽调目标。如对一家公司的资信能力的考察，最直接的是财务报表，但其通常不会提供，为此，段哥设计了一份调查问卷，初步达到了对客户资信能力的考察，包括资产规模区位、负债规模区位、净利润区位、银行授信额度、近期融资抵押情况等。一旦尽调的目标无法按照预期达成，我们应尽可能采取其他变通方式，同时对客户的访谈一定要说明来意，对所预期达到的目标也应尽量沟通，以避免不必要的尴尬。访谈的实施和记录，原则上应该由两名以上人员共同完成，并由助理人员完成访谈过程的记录，访谈见真功夫，所以为了培养下属，如果下属不是第一次访谈可以由助理主问，主管补充，如果是助理第一次参与访谈，则可以由主管主问，助理记录并根据自己的理解逐步加入进来发问。

实习记录编号：23

时间：2018 年 7 月 23 日

由于项目扩容，出于后面尽调效率的考虑，同时，在前面我已经涉足这个方向的尽调，王总安排我写一份关于项目的尽调清单。确实，前期的尽调工作为我写这一份尽调清单打下了坚实的基础，既有①股权结构和股东权益；②重大合同；③财产权属；④劳工情况；⑤知识产权和专有技术；⑥纳税情况；⑦诉讼事项和并购行为可能引起的法律纠纷等一般法律尽调所涵盖的部分，也包括基于项目本身特殊性考虑所涵盖的部分，从前期的可行性报告，到开发建设运营，以及项目公司和业主资信设置尽调目标，这些都需要对项目的整个开发流程有充分的了解和认识，这也让我认识到了私募投资并不是看好某个行业或者某家公司就会直接去投资，每家私募都会基于行业研究和了解程度对几个行业加以投资，而并不是所有的行业，这样既有专业性的支撑，也减少了投资风险，同时也是对股东和合伙人的负责。

实习记录编号：24

时间：2018 年 7 月 28 日

通过在苏美达资本的实习，了解到了从基金的资金募集、设立到投资的一系列流程，从基金内部来讲，参与了基金协议的审核，尤其对合伙型基金的内部架构有了深入的认识，例如 LP 与 GP 的关系、管理人与投决会的关系、执行事务合伙人与管理人的关系；从基金外部投向来讲，参与了项目的尽职调查，尤其在尽调过程中，通过与财务金融方面同事的通力合作，对尽职调查有了更为深刻的理解，法律人从事非诉业务，不应当仅仅熟知法律业务，对财务金融也要有一定的了解才能事半功倍。

在风控部王总的指导下，发现、研究、探讨和解决了众多法律问题，如基金管理公司的风控合规制度设计与完善；基金投决会的投票机制的设计问题；国资评估问题、分布式光伏项目尽调问题、香港上市规则问题、ODI 审批问题、税收问题等一系列问题、让我对法律人士从事私募投行有了全新的认识。

在投资部段经理和魏经理的指导下，对私募基金行业有了深入了解，从资金募集、行业研究（涉及农业、光伏、电池、危废处理、教育等），到财务尽调，都有过参与。他们每个人身上的众多闪光点让人印象深刻，我也在不断向他们学习中不断进步。

同时，冯总也会时不时地安排一些研究性任务给我，例如关于中美内幕交易的对比研究、投资并购交易中基本法律文件的撰写与审核、投资并购中税法因素等，这让我的视野有了进一步的开拓。

实习总结报告

实习记录编号：25

时间：2018 年 7 月 28 日

实习是教学计划中的一个重要环节。单位实习，有助于我们向单位技术人员学习知识、了解业务内容，同时锻炼自己的动手能力，将学习的理论知识运用于实践当中。然后巩固、扩大和加深我们从课堂上所学习的理论知识，获得一些初步经验和基本技能，也能开拓视野，完善自己的知识结构，达到锻炼能力的目的。最后通过实习能够走向社会，接触实务，提高自己的自觉性、事业心和责任感。为今后走向社会、服务社会打下基础，积攒经验。

回顾大学以来的实习，去过法院，也去过律所，现在有幸来到一家从事私募的公司，为我进入职场之前的实习画上了一个圆满的句号，实习的长度不是很长，但实习的每一天对我来说是新鲜而充实的。实习的意义不在长度，而在于每天，感谢这样的相遇。

参考文献

[1]欧英. 私募股权投资投后管理研究[D]. 北京:对外经济贸易大学,2006 - 09 - 01.

[2]赵锡军. 私募基金的宏观经济意义[J]. 中国金融,2014,(22):67 - 68.

[3][美]埃斯瓦斯 · 达莫达兰,著. 估值[M]. 李必龙,李羿,郭海,等,译. 北京:机械工业出版社,2017.

[4]宋鹏凯. 风险投资中投后管理的研究分析[D]. 北京. 对外经济贸易大学,2016.

[5]何杨. 投后管理发展现状与趋势[Z]. 东方投后实践与研究,微信公众号:COAMC_APD

[6]吕洪燕. 风险投资后监控管理研究[D]. 哈尔滨:哈尔滨工业大学,2013 - 03 - 20.

[7]郭秋颖. 宋鹏凯. 读懂投后管理:留住人 守住财[N]. 新芽 NewSeed 合作伙伴娱乐工场,[2016 - 06 - 18]. http://news.newseed.cn/p/1325229.

[8]朱明艳. 股权投资基金项目投后管理探索研究[J]. 中国总会计师,2016(11):126 - 127.

[9]殷越,论蓝田股份审计失败的案例分析及启示[J]. 中国外资,2013(14):219 - 220.

[10]崔晓莉,武磊. 万福生科财务造假案例分析及启示[J]. 现代商贸工业,2013(15):151 - 152.

[11]余晓丹,袁蓓. 从"云南绿大地"看财务舞弊[J]. 四川职业技术学院学报,2013,23(4):27 - 30.

[12]胡书雅. 完善公司治理、杜绝虚假会计信息——银广夏案例分析[J]. 当代经济,2016(24):64 - 65.

[13]陈青松. 秦宝牧业或遭重罚[N]. 中国企业报. 2013 - 06 - 04.

[14]朱士俊. 我国健康产业发展现状及对策分析我国健康产业发展现状及对策分析[J]. 医学教育管理,2016,2(1):391 - 394.

[15]王迪. 为 Dimebon 辉瑞掷金 7 亿[N]. 医药经济报. 2008 - 09 - 12(A02).

[16]袁源,骆国军,周静,周蓉. 药品研发中的风险控制[J]. 中国药事,2014,28(6):595 - 597.

[17]杭州先略投资咨询有限公司. 2016—2021 年种植牙行业深度调查及发展前景研究报告[EB/OL]. 中国市场信息研究网,2016.

[18]国家发展改革委. 关于实行危险废物处置收费制度促进危险废物处置产业化的通知 - 发改价格[2003]1874 号

[EB].2003.

[19]鑫联环保.鑫联环保科技股份有限公司2015年年度报告[R].主办券商:申万宏源.公告编号:2016-005[2016-04-25].

[20]史高德,郭伟.有限合伙制私募股权投资基金规则解读与操作指引[M].北京:法律出版社,2017.

[21]邹菁.私募股权基金的募集与运作[M].北京:法律出版社,2014.

[22]欧阳良宜.私募股权投资管理[M].北京:北京大学出版社,2013.

[23]刘乃进.私募股权基金筹备、运营与管理[M].北京:法律出版社,2015.

[24]中国证券投资基金业协会.股权投资基金[M].北京:中国金融出版社,2017.